LES PROCEDES MNEMOTECHNIQUES :
Science ou Charlatanisme ?

*PSYCHOLOGIE ET SCIENCES HUMAINES*

Alain Lieury

les procédés mnémotechniques
science ou charlatanisme ?

PIERRE MARDAGA, EDITEUR
2 GALERIE DES PRINCES, BRUXELLES

© by Pierre Mardaga, éditeur
37, rue de la Province, 4020 Liège
2, Galerie des Princes, 1000 Bruxelles
D. 1980-0024-22

Introduction

Mais où donc est Ornicar? Cette petite phrase, tout le monde la connaît, c'est un truc mnémotechnique destiné à rappeler facilement les conjonctions de coordination « mais-ou-donc-et-or-ni-car ». Les étudiants connaissent également d'autres petites phrases de ce genre telles que « Cambronne s'il eût été dévot n'eût pas carbonisé son père » pour rappeler les périodes géologiques de l'ère primaire; ou « Oh Oscar, ma petite théière me fait à grand peine six grogs » pour rappeler les douze nerfs crâniens; ou encore « Que j'aime à faire connaître ce nombre utile aux sages » pour se souvenir des décimales du nombre Pi. On trouve également d'autres procédés mnémotechniques dans certains ouvrages, la table de rappel, le code chiffre-lettre afin de rappeler selon les défenseurs de ces méthodes, des listes de cent noms ou des dates de l'histoire ...

Bien entendu, la question que l'on se pose à propos de ces trucs, est de savoir s'ils sont efficaces. Les réponses que l'on trouve habituellement dans certains ouvrages, sont de parti pris : certains auteurs défendent ces trucs, d'autres affirment qu'il s'agit là de jeux sans utilité. Mais des preuves scientifiques, il n'y en a pas. Or depuis quelques années, de nombreuses expériences scientifiques ont été réalisées dans ce domaine, qui permettent de répondre à la plupart des questions que nous nous posons. Un des buts de ce livre est de présenter les principaux résultats scientifiques sur ce thème et d'une façon simple afin d'informer le plus grand nombre de lecteurs. L'autre but est de présenter les recherches qui permettent de reconstituer l'histoire de ces trucs et secrets pour aider la mémoire.

Bien que ce livre ne soit pas technique, je commencerai l'ouvrage par une vue d'ensemble des mécanismes fondamentaux de la mémoire naturelle. Je me limiterai aux notions indispensables à la bonne compréhension de l'analyse expérimentale des procédés mnémotechniques. Le lecteur intéressé par plus de détails techniques ou théoriques, se reportera à mon livre « La Mémoire » dans cette collection ou à ma thèse d'état (voir : bibliographie). Nous verrons que lorsque les trucs pour aider la mémoire sont efficaces, c'est en fait parce qu'ils sont basés sur ces mécanismes fondamentaux de notre mémoire naturelle. Ces notions feront l'objet de la première partie de ce livre.

Dans la deuxième partie, j'exposerai les principales étapes de l'histoire des procédés mnémotechniques qu'on appelait dès l'Antiquité, l'art de la mémoire. Nous verrons que cet art était enseigné dans l'Antiquité aux futurs avocats. Pendant la Renaissance mémoire et magie ont été intimement mêlées et c'est une des raisons pour lesquelles après Descartes, l'art de la mémoire n'a été transmis que par une tradition para-universitaire jusqu'à nos jours.

Enfin, dans la troisième partie, je présenterai une classification et une étude expérimentale des principaux procédés mnémotechniques connus. Le lecteur pressé pourra éventuellement aborder directement cette partie, puis se reporter à la première partie pour mieux comprendre les mécanismes fondamentaux qui expliquent l'efficacité ou l'inefficacité de certains procédés.

Première partie
LES MECANISMES DE LA MEMOIRE
NATURELLE

Chapitre I
Les mécanismes de la mémorisation

1. Attention: oubli rapide

Nous savons tous que l'oubli existe et nous avons l'impression que cet oubli est graduel: nous oublions des souvenirs de vacances, des dates ou des formules apprises à l'école ou au lycée. Mais il existe également un oubli extrêmement rapide auquel nous ne prêtons pas attention. Cet oubli a été démontré grâce à des techniques de laboratoire. On présente par exemple trois mots sur un écran au moyen d'une diapositive. Si les sujets de l'expérience peuvent rappeler les mots aussitôt qu'ils ont disparu de l'écran (c'est le rappel immédiat), le rappel est parfait. Mais si on oblige les sujets à faire du calcul mental pendant plusieurs secondes, le rappel devient très pauvre, parfois même, les trois mots sont oubliés. Cette situation se produit fréquemment dans la vie courante: je regarde un numéro de téléphone dans l'annuaire, mais au moment de le composer sur le cadran, je suis interrompu par quelqu'un qui m'appelle ... Lorsque je suis prêt à composer le numéro, je l'ai oublié. C'est également un oubli à court terme.

Un autre effet important a été mis en évidence en laboratoire. Lorsqu'on présente mot à mot une liste de mots à apprendre (par exemple, dix mots), le rappel immédiat est assez bon pour les premiers mots de la liste et très bon pour les derniers mots, mais le rappel est médiocre pour les mots du milieu de la liste (fig. 1). Si on refait la même expérience en différant le rappel de 30 secondes occupées à faire du calcul mental, on s'aperçoit que les derniers mots de la liste sont en grande partie oubliés (fig. 1). Dans la figure 1, où sont reproduits les résultats de l'expérience des Américains Postman et Phillips (1965), les effets sont les mêmes quelle que soit la longueur de la liste.

L'oubli spectaculaire des derniers mots d'une liste, après trente secondes de calcul mental, démontre que ces mots étaient stockés dans une mémoire spéciale, c'est la mémoire à court terme. En revanche, les autres mots de la liste, notamment les premiers mots sont peu oubliés. C'est la raison pour laquelle, les chercheurs pensent que ces mots ont eu le temps de parvenir dans une mémoire qui conserve longtemps les informations, c'est la mémoire à long terme.

La mémoire à long terme est la mémoire que nous connaissons, c'est dans cette mémoire que sont conservés les souvenirs, les images, les mots, les dates, etc. La mémoire à court terme a un rôle très important mais moins évident à mettre en évidence. C'est par exemple dans la mémoire à court terme que sont transformés les signaux nerveux que nous envoient nos yeux et nos oreilles afin que notre mémoire à long terme reconnaisse que certains signaux sont des mots, d'autres des images, etc. C'est également la mémoire à court terme qui stocke (qui conserve) les chiffres lorsque nous faisons un calcul « de tête ». En fait, la mémoire à court terme fonctionne comme une véritable mémoire de travail et nous verrons qu'elle détient un rôle très important.

Dans les conditions normales d'utilisation de la mémoire, il y a un va-et-vient continuel entre la mémoire à court terme et la mémoire à long terme. La mémoire à long terme est en quelque sorte une bibliothèque qui stocke toutes nos connaissances alors que la mémoire à court terme est une sorte de salle d'attente où sont entreposées temporairement les informations que nous devons rappeler, ou celles qui aident à re-

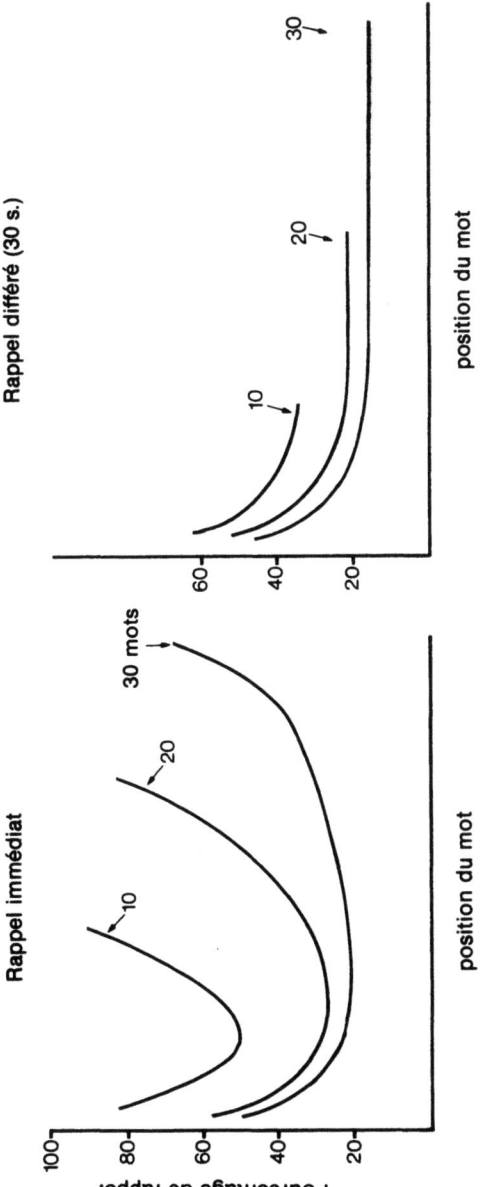

Figure 1. Rappel des mots en fonction de leur position dans une liste (d'après Léo Postman et Laura Phillips, 1965).

trouver d'autres informations en mémoire à long terme. Nous pouvons mesurer à quel point la coopération entre les deux mémoires est indispensable dans les cas où des lésions du cerveau empêchent le passage de la mémoire à court terme à la mémoire à long terme. Cette amnésie particulière est appelée le syndrome de Korsakoff, et se rencontre notamment chez les alcooliques chroniques ou chez les malades souffrant de lésions d'une partie du cerveau appelée hippocampe (ou également système limbique) en raison de sa ressemblance avec le petit poisson à forme de cheval. Allan Baddeley de l'Université du Sussex et Elizabeth Warrington du National Hospital de Londres, ont fait passer l'expérience dont nous venons de parler, sur des amnésiques et des malades contrôles ayant une mémoire normale.

En rappel immédiat, les amnésiques rappellent les derniers mots de la liste aussi bien que les patients contrôles. Ce résultat indique que la mémoire à court terme des amnésiques n'est pas atteinte. En revanche, les premiers mots et ceux du milieu de la liste sont très peu rappelés par rapport aux sujets contrôles. La même différence de rappel s'observe entre les amnésiques et les sujets contrôles lorsque le rappel s'effectue après trente secondes de calcul mental. Les amnésiques ne peuvent plus apprendre de nouvelles choses, le passage entre la mémoire à court terme et la mémoire à long terme est définitivement interrompu. On sait par ailleurs que leur mémoire à long terme est peu atteinte. Ainsi, les amnésiques de ce type peuvent accomplir toutes les tâches qui requièrent l'utilisation de la mémoire à long terme, éventuellement la mémoire à court terme, mais toutes les tâches qui nécessitent la collaboration entre ces deux mémoires sont impossibles. Un amnésique qui savait jouer aux échecs avant sa maladie peut continuer à jouer, car ayant l'échiquier devant les yeux, il n'a pas besoin d'enregistrer le chemin parcouru par les différentes pièces du jeu; mais il ne pourra pas jouer au bridge car il sera incapable d'enregistrer les cartes qui sont déjà tombées. Il pourrait le faire si la mémoire à court terme pouvait stocker beaucoup d'informations pendant plusieurs minutes, mais hélas la mémoire à court terme, même chez les individus normaux, n'a

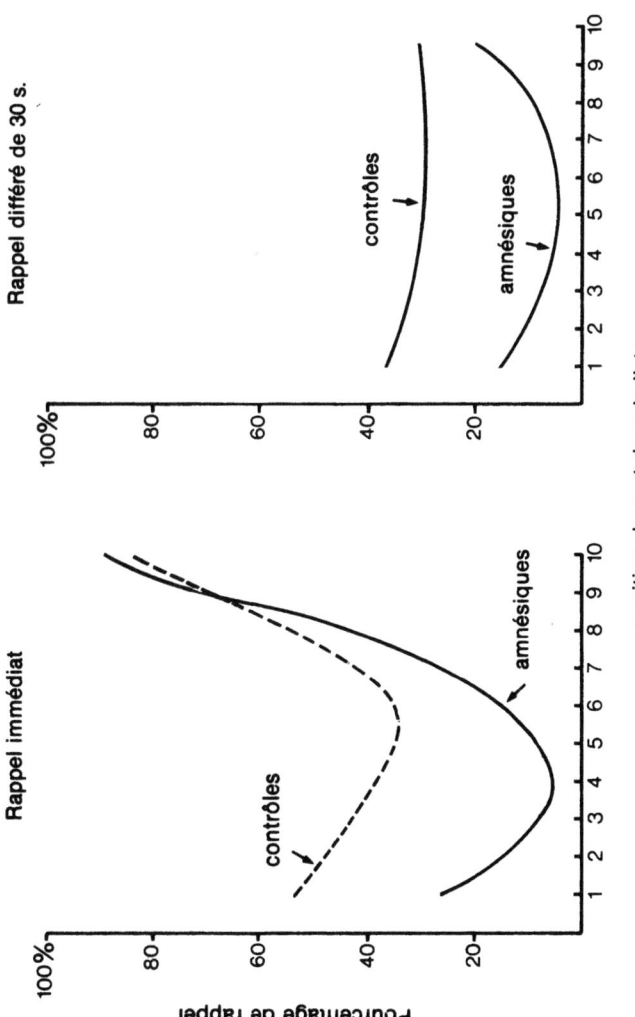

Figure 2. *Rappel de mots d'une liste chez des sujets amnésiques et des sujets contrôles (d'après Baddeley et Warrington, 1970).*

qu'une durée de vie de quelques secondes et comme nous allons tout de suite le voir, la mémoire à court terme ne peut garder en même temps qu'une quantité très limitée d'informations.

2. Le nombre magique 7

Notre capacité de rappel immédiat d'une liste présentée une seule fois, est d'environ sept. L'Américain Georges Miller a même parlé du nombre magique 7 car on observe que cette capacité du rappel immédiat est à peu près constante quels que soient les éléments de la liste, chiffres, mots, petites phrases significatives. Cependant, il faut se garder de trop simplifier et savoir qu'il existe des variations. Ainsi Stéphane Ehrlich de l'Université de Poitiers a montré que cette capacité de rappel immédiat augmentait légèrement pour des mots communs par rapport à des mots rares (1972). Geneviève Oléron de l'Ecole Pratique des Hautes Etudes à Paris, a montré que le rappel immédiat dans l'ordre de présentation était non pas de 7 mais de 4 mots en moyenne (1978). Il existe en outre de grandes variations entre les individus. Cela dit, les quantités dont on parle ne sont jamais très en dessous ou très au-dessus du nombre 7.

Le nombre 7, limite de la capacité du rappel immédiat, n'est pas, heureusement, une limite infranchissable. En effet, cette capacité concerne 7 éléments quelle que soit la complexité de chaque élément du moment que chaque élément représente une unité cohérente en fonction des connaissances de la mémoire à long terme.

- *Le groupement: moteur de la mémoire*

Pour le comprendre, prenons l'exemple suivant: je vous dicte une à une les 35 lettres suivantes:

q	l	t	a	e	r	n
u	e	e	r	s	i	s
a	c	s	t	s	s	e
n	h	t	i	o	d	n
d	a	p	l	u	a	t

Si vous lisez ces lettres, ligne par ligne, il vous sera très difficile de les rappeler après une seule lecture; c'est la limite de la capacité de rappel immédiat. Pourtant, si je vous signale que les lettres lues par colonnes forment des mots, la tâche devient plus aisée car nous passons de 35 lettres à mémoriser à 8 mots. Enfin, si vous décodez tous les mots à partir des lettres, vous vous apercevrez que ces mots forment un proverbe bien connu: «quand le chat est parti, les souris dansent». Lorsque le proverbe est découvert, sa mémorisation ne présente aucune difficulté et on peut restituer sans difficulté les 35 lettres qui le composent. Dans cet exemple, les 35 lettres ont été codées (transformées) en mots, et les mots ont été codés en une seule phrase, significative et déjà connue en mémoire à long terme. Grâce à ces codes successifs, le nombre d'éléments à mémoriser est passé de 35 à 8 puis à 1. Comme la capacité de rappel est toujours la même, environ 7, ce processus de codage a permis de réaliser une économie spectaculaire. Cependant, il est important de noter que ce processus de codage a permis de réaliser une économie seulement parce qu'il est associé à un processus de groupement. On commence par réunir plusieurs lettres entre elles, et on s'aperçoit que ces groupements de lettres sont déjà répertoriés en mémoire à long terme, ce sont des mots de la langue française. Quelqu'un qui ne connaîtrait pas le français ne pourrait pas obtenir une économie si spectaculaire.

C'est l'Américain Georges Miller (1956) qui a mis en évidence ces processus de codage et de groupement, et pour lui ces processus sont la base de l'activité de mémorisation. Il pense notamment que les idées sont probablement les symboles de notre mémoire qui permettent de coder les plus gros groupements d'informations que l'on puisse réaliser.

Comment expliquer que la mémoire à court terme, si limitée à première vue, puisse stocker temporairement un nombre constant d'éléments quelle que soit la richesse de ces éléments (lettres, mots, phrases, idées). C'est probablement que la mémoire à court terme ne stocke pas les groupements en tant que tels mais un seul indice par groupement, et chaque indice permet de retrouver le groupement tout entier dans la mémoire à long terme. Prenons l'analogie des sous-programmes dans un ordinateur. Pour faire apparaître une lettre sur l'écran d'un ordinateur non programmé, le programmeur doit prévoir une série d'instructions, un peu comme dans le jeu de la bataille navale : selon un quadrillage de l'écran, le programmeur donne l'ordre à l'ordinateur d'éclairer successivement une série de points qui formeront par exemple la lettre A. Mais ces instructions sont longues, et il serait fastidieux pour le programmeur d'avoir à recommencer toutes ces instructions chaque fois qu'il utilise un mot contenant la lettre A. Le programmeur va donc stocker, une fois pour toutes, la liste des instructions pour la lettre A, sur une bande magnétique, et lui adjoindre un symbole qui servira d'adresse, d'indice, pour retrouver ultérieurement cette liste d'instructions. Ces listes d'instructions sont les sous-programmes de l'ordinateur, et nous voyons que notre mémoire semble fonctionner d'une façon similaire. Nous pouvons également prendre l'analogie de la bibliothèque. Dans le fichier, les livres prennent tous la même place quels que soient la grosseur ou le nombre de pages de chaque livre. C'est que chaque livre est classé dans un lieu déterminé et que ce lieu est indiqué sur la fiche par un numéro de code. En d'autres termes donc, notre mémoire à court terme est probablement une mémoire-fichier, elle stocke des indices ou des symboles mais non les groupements eux-mêmes.

Revenons à présent au processus de groupement, moteur de la mémoire, ce processus est très varié car il est lié aux nombreuses possibilités de codage de notre mémoire. Examinons les principales variantes du processus de groupement, car nous les retrouverons comme des moyens naturels utilisés dans l'apprentissage ; nous les retrouverons également utilisés comme procédés mnémotechniques.

- *Le langage*

Dans notre exemple « quand le chat est parti les souris dansent », c'est le langage qui est utilisé comme code permettant le groupement des éléments. Le langage est évidemment un code extrêmement riche et complexe qui comprend des niveaux de groupement très variés : les sons forment des consonnes et des voyelles, celles-ci forment des syllabes, les syllabes forment des mots, les mots des phrases, et les phrases des idées. De même, certaines formes visuelles forment des lettres qui forment des mots, etc.

- *L'imagerie*

Nous verrons dans l'historique, que l'imagerie a été utilisée dans l'Antiquité, le Moyen Age et pendant la Renaissance, comme un moyen d'aider la mémoire. De nombreuses expériences ont démontré l'efficacité de l'imagerie comme moyen de groupement dans la mémoire. Par exemple, Gordon Bower (1970) de l'Université de Stanford en Californie, fait apprendre des couples de mots tels que « argent-rivière » par différentes méthodes. Dans un groupe de sujets, l'expérimentateur demande de former mentalement une image qui compose les deux mots, par exemple, un billet qui flotte sur la rivière. Dans un second groupe, les sujets doivent mémoriser en faisant deux images séparées, et dans un troisième groupe, les sujets doivent simplement apprendre par cœur les mots. Les sujets qui ont groupé les mots en images rappellent en moyenne 50 % des mots, tandis que les deux autres groupes ne rappellent en moyenne que 30 %. L'imagerie utilisée comme moyen de groupement est donc un moyen efficace d'aider la mémoire. Nous en verrons de nombreux exemples dans la troisième partie.

- *La logique*

La logique est également un moyen d'organisation très puissant. Par exemple, si je dois apprendre le numéro de téléphone suivant, 123.45.67, ce sera une tâche aisée si je remarque qu'il s'agit de la suite régulière des chiffres de 1 à 7. J'utilise alors ma connaissance de la numération. Ce cas est si simple qu'il ne se présentera évidemment pas souvent dans la réalité, et les sujets qui mémorisent facilement les nombres utilisent des opérations très variées comme les carrés des chiffres, certains produits, etc. Par exemple dans le numéro 248.14.64, on peut remarquer que 248 représente 2×1 puis 2×2 puis $2 \times 2 \times 2$, et ensuite que $14 = 2 + 4 + 8$ et enfin que $64 = 2 \times 4 \times 8$. Bien entendu, ces procédés ne sont utiles que pour ceux qui ont certaines aptitudes pour la manipulation des chiffres.

Mais il existe certaines opérations logiques qui sont abondamment utilisées et d'une façon spontanée. L'opération la plus utilisée est la classe d'équivalence ou catégorisation. De nombreux chercheurs ont en effet montré que des listes composées de catégories de mots, comme les animaux, les plantes, les pays, etc., étaient très faciles à apprendre. Par exemple, Gordon Wood (1967), présente une liste composée de 18 catégories contenant chacune 3 exemplaires (exemple, vache, chien, lion). Pour un groupe de sujets, les mots sont groupés par catégorie alors que pour un autre groupe, les 54 mots sont mélangés. Après une seule présentation, les sujets de la condition « mots groupés » rappellent en moyenne 17 mots alors que les sujets de la condition « mots mélangés » ne rappellent que 11 mots. On constate donc que le groupement par catégorie est très efficace et que la capacité de rappel de 7 est largement dépassée. On remarquera également que les sujets du groupe « mots mélangés » rappellent un peu plus que 7 mots, cela est dû au fait que les sujets détectent quelques catégories bien que les mots soient mélangés. On observe d'ailleurs un phénomène similaire lorsque des listes de mots « au hasard » sont présentées. Plus la liste est longue, plus le rappel moyen augmente; cela est dû au fait que plus le nombre de mots est grand et plus les occasions de trouver des catégories de toutes sortes est grand.

Une autre opération très utilisée est celle de la hiérarchie, qui combine l'opération de catégorisation et celle d'emboîtement. Par exemple, si je détecte dans ma liste des noms d'oiseaux et des noms de poissons, je peux réunir ces deux catégories en une seule super-catégorie, celle des animaux. Bower,

Clark, Lesgold et Winzenz (1969) ont réalisé sur ce thème une expérience très spectaculaire. La liste à apprendre contient 112 mots mais elle est subdivisée en quatre thèmes (minéraux, plantes, animaux, instruments), chacun de ces thèmes est lui-même subdivisé en super-catégories, catégories et sous-catégories contenant quatre mots environ. Voici schématiquement l'organisation hiérarchique de cette liste (le fait que chaque niveau d'organisation ne comporte pas plus de quatre éléments est essentiel, mais nous expliquerons pourquoi plus loin):

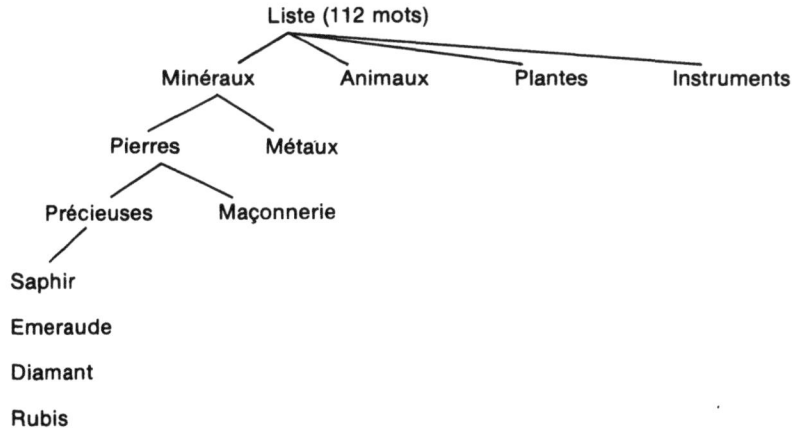

Dans un groupe de sujets, on présente chaque hiérarchie conceptuelle sur quatre planches séparées et les sujets apprennent les mots dans un temps donné. Les sujets d'un autre groupe doivent également apprendre les 112 mots mais ces derniers sont présentés mélangés sur quatre planches. Le rappel après une seule présentation est de 73 mots sur 112 pour le groupe «organisé» alors qu'il n'est que de 21 pour le groupe «mélangé». La différence est donc énorme, en faveur de la condition «organisée»; on constate que ce rappel de 73 mots est très spectaculaire si l'on se souvient de notre capacité de rappel immédiat de 7: notre nombre magique est largement dépassé, décuplé grâce à l'organisation logique. Cette organisation logique, très efficace comme on le voit, est souvent utilisée notamment au cours des apprentissages scolaires: ce sont les classifications, les plans, etc. Ce mode d'organisation prend parfois d'autres noms, comme les organigrammes, mais le procédé de base est toujours le même, la hiérarchisation des catégories. On remarquera que les sujets du groupe « mots mélangés » rappellent 21 mots soit trois fois le nombre 7. Mais comme précédemment pour les catégories, les sujets détectent des catégories parmi les mots mélangés et ils peuvent constituer des groupements de mots qui aident la mémorisation.

- *Les associations*

Un autre mode de groupement possible consiste à utiliser une caractéristique de la mémoire des mots, les associations. Si je vous dis « abeille », vous allez spontanément penser à d'autres mots comme « miel, bourdonne, ruche ... », ce sont les associations de mots. Ce phénomène reflète sans doute les liens entre les mots que nous avons appris dans des circonstances variées de la vie. Si beaucoup d'associations sont personnelles à chacun, il existe des familles de mots associés entre eux, qui sont communes à tous. Bower et ses collègues ont tenté le même type d'expérience que celle que je viens de décrire, mais en utilisant cette fois, non pas une organisation logique, mais une organisation associative. Voici un exemple de hiérarchie associative :

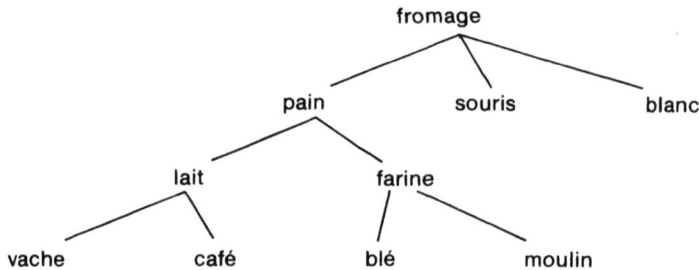

Dans la condition « mots organisés » les sujets rappellent en moyenne 23 mots sur 44 alors que les sujets de la condition « mots mélangés » rappellent 16 mots sur 44. On constate que cette technique est efficace mais beaucoup moins efficace que la technique de hiérarchie logique. L'organisation associative est donc moins forte que l'organisation logique. C'est probablement parce que dans l'organisation associative, les mots ont des associations multiples alors que l'organisation logique est plus spécifique : je ne peux pas classer rouge-gorge dans les poissons, tandis que je peux classer souris avec fromage ou avec chat alors qu'il n'y a pas de relation entre un chat et un fromage.

- *Le « par cœur »*

Lorsque tous les moyens d'organiser sont mis en échec, comment peut-on apprendre ? On sait que dans de tels cas, on apprend « par cœur » c'est-à-dire en répétant ce qu'on doit apprendre. Apparemment l'apprentissage par cœur diffère des différents modes de groupement qui viennent d'être évoqués, mais en réalité l'apprentissage par cœur repose également sur des processus de groupement ainsi que l'ont révélé des expériences de laboratoire. Vers la même époque Endel Tulving (1962) de l'Université de Toronto et Stéphane Ehrlich (1965) de l'Université de Poitiers, ont mis en évidence que des groupements de mots apparaissaient dans les rappels successifs de l'apprentissage par cœur d'une liste. D'un rappel à l'autre, les groupements deviennent plus stables, contiennent plus de mots, et le moment où les groupements deviennent parfaitement stables coïncide avec le moment où le rappel est parfait. Ce processus de groupement, qui est personnel à chaque sujet, Tulving l'a appelé l'organisation subjective. Ehrlich a d'autre part montré (1972) que si l'on empêchait le sujet de grouper de façon stable les mots en ne présentant qu'une partie de la liste à chaque lecture, le sujet ne parvenait pas à rappeler tous les mots de la liste même après 25 essais. Le groupement (l'organisation) est donc bien le moteur de la mémoire, lorsque le souvenir est testé par un rappel libre. Afin de rendre plus concrète l'organisation subjective, j'ai appris une liste de 15 mots en plusieurs essais. Pour simplifier, je l'ai apprise dans le même ordre, et après chaque lecture j'ai rappelé le plus de mots possible. Voici le résultat des quatre rappels dont j'ai eu besoin, avec les groupes dont j'ai eu conscience et le mot ou l'idée qui me rappelait chaque groupe.

Liste	1er rappel	2e rappel	3e rappel
danse	1 pigeon	1 habit	1 pigeon habit couleur
sucre	2 habit	2 pigeon	
flocon	3 danse	3 bitume vague fluide	2 refus pollen
jambe	4 jambe		
dévorer	5 flocon	4 flocon sucre	3 dévorer parole altitude
parole			
altitude		5 danse jambe	4 flocon sucre
pollen		6 dévorer parole altitude	5 jambe danse
fluide			
refus			6 vague bitume liquide (faux, c'est fluide)
vague			
bitume			
couleur			
habit			
pigeon			

4ᵉ rappel

indice	mots rappelés	mode de groupement
1 pigeon avec un habit de couleur	pigeon habit couleur	phrase
2 marée noire	bitume fluide vague	idée de la marée noire
3 dévorer	dévorer altitude parole	liaison sémantique confuse entre « dévorer » et « parole » et « parole » et « altitude »
4 jambe	jambe sucre danse flocon	liaison sémantique entre « jambe » et « danse », « sucre » et « flocon » et liaison confuse entre « flocon » et « jambe »
5 asthme	refus pollen	idée de quelqu'un qui refuse le pollen à cause de son asthme

Cet exemple concret illustre plusieurs observations faites précédemment. Tout d'abord, nous constatons que l'organisation subjective est une sorte de « cocktail » de plusieurs modes de groupement, phrase, idée, liaison sémantique consciente (jambe-danse) ou confuse (jambe-flocon; peut-être à cause de la ressemblance phonétique de flocon avec coton de l'expression « avoir les jambes en coton »). Ensuite, nous observons que le nombre de mots du premier rappel et le nombre de groupes de mots des rappels suivants, est à peu près constant, il est de 5 ou 6. Ceci semble indiquer que la mémoire à court terme a une capacité constante mais que cette capacité est utilisée soit pour contenir des mots de la liste, soit pour contenir des mots qui servent d'indices ou de symboles pour tout un groupe de mots de la liste. La mémoire à court terme fonctionne donc comme une véritable mémoire-fichier.

Chapitre II
Les « bonnes adresses » du passé

1. **Le lieu de stockage des souvenirs**

- *Notre mémoire est-elle si mauvaise qu'on le croit ?*

Nous nous plaignons souvent de notre mémoire et d'après les résultats des expériences sur le rappel que nous venons d'exposer, nous aurions raison de nous plaindre. En fait, notre mémoire est beaucoup moins mauvaise qu'on le croit, c'est plutôt la technique du rappel libre qui est une mauvaise procédure de sondage de la mémoire. Lorsqu'on utilise d'autres techniques de sondage, on s'aperçoit que la mémoire a enregistré énormément d'informations. Il y a cependant une grande exception : lorsque des informations sont trop rapidement présentées, la mémoire à long terme n'a pas le temps de les enregistrer, et comme la capacité de la mémoire à court terme est limitée, toutes les informations en surcharge sont définitivement oubliées. En pratique un temps de cinq secondes par élément simple (mot, photographie) est suffisant pour qu'il n'y ait pas surcharge.

Une technique qui sonde bien le contenu de la mémoire est la reconnaissance. Cette technique est très simple, il suffit de présenter l'information originale (le mot ou la photo, etc.) parmi des informations pièges qui n'ont pas été présentées; le sujet doit reconnaître l'information parmi les pièges. Lionel Standing, Jerry Conezio et Ralph Haber (1970) de l'Université de Rochester dans l'Etat de New York, ont montré grâce à la technique de la reconnaissance que des sujets (étudiants « normaux ») identifient correctement plus de 2.000 photographies sur 2.500 photographies présentées, soit 80 à 90 % de la totalité. Ces photographies sont de nature très variée, des photos de magazines divers (information, sport, voyage), des photos de personnes, d'animaux, de plantes, de minéraux, etc. De plus, ces photographies ne sont présentées qu'une seule fois, à la vitesse de 10 secondes par photo. Dans une autre expérience des auteurs, avec un total de 1.000 photographies, la reconnaissance est aussi bonne (95 %) lorsque le temps de présentation est de 5 s ou de 10 s. On constate donc que lorsqu'il n'y a pas de surcharge au niveau de la vitesse d'enregistrement, la capacité de la mémoire à long terme est immense.

Des constatations similaires peuvent être faites à partir d'une expérience de Harry et Phyllis Bahrick et Roy Wittlinger (1975) de l'Ohio Wesleyan University. Ces auteurs ont eu l'idée de retrouver des personnes plusieurs années après leur départ du collège et de sonder leur mémoire à propos des noms et des photographies des camarades de leur collège. La reconnaissance des photographies est très bonne et stable puisqu'elle est de 90 % pour des gens ayant quitté le collège seulement depuis 3 mois et qu'elle est encore de 90 % pour des gens qui ont quitté le collège depuis 35 ans. La reconnaissance des noms est également bonne et stable, quoique légèrement plus faible, puisqu'elle passe de 90 % après 3 mois à 80 % après 35 ans. Ceci confirme d'ailleurs les résultats de laboratoire qui montrent que les images sont mieux retenues que les mots. En revanche, le rappel libre de ces noms de camarades est très faible (l'épreuve ayant été faite avant la reconnaissance, bien entendu) : 15 % de noms sont rappelés après 3 mois et 12 % après 35 ans. Le rappel des photographies n'a pu être fait puisqu'on ne connaît pas de moyen d'observer les images que le sujet serait éventuellement capable d'évoquer mentalement (le portrait-robot serait possible, mais cette technique est voisine de la reconnaissance). La capacité d'attribuer des noms aux photographies a également été testée. Elle est de 70 %

après 3 mois et diminue régulièrement pour atteindre 33 % au bout de 35 ans. Le lecteur pourra s'amuser à faire les mêmes observations sur lui-même ou sur des amis, s'il dispose d'anciennes photos réunissant des personnes qui n'ont pas été revues depuis longtemps.

– *La mémoire fonctionne comme une bibliothèque*

Comment expliquer que la reconnaissance sonde très bien la mémoire et que le rappel libre la sonde si imparfaitement ? A la suite de nombreuses expériences, Endel Tulving (1972) a fait l'hypothèse que chaque information est enregistrée en mémoire comme un épisode spécifique de la situation d'origine. Par exemple, si je lis le mot « bateau » dans une brochure de voyage, le mot bateau sera à nouveau enregistré, bien que je le connaisse déjà, mais il sera enregistré avec d'autres informations, par exemple avec les mots voyage, vacances, etc. Ainsi, chaque fois que je lis un mot, que je l'entends, il se forme un épisode nouveau et original en mémoire. Ce mécanisme est paradoxalement une cause de bonne mémoire et une cause majeure de l'oubli. Si par exemple, je passe toutes mes vacances d'été au même endroit, cet endroit me sera très familier car je conserve en mémoire beaucoup d'épisodes du même endroit. A l'inverse, si l'on me demande ce que j'ai fait telle année dans cet endroit, j'éprouverai beaucoup de difficultés à le rappeler car il faut que je retrouve en mémoire un épisode particulier parmi de nombreux épisodes qui se ressemblent. Le même phénomène se produit lorsque je lis beaucoup de romans du même auteur : j'éprouve de grandes difficultés à reconstituer l'intrigue et les personnages d'un roman particulier.

En fonction de résultats expérimentaux, j'ai fait l'hypothèse (1979, 1980) que les épisodes n'étaient pas stockés n'importe où dans la mémoire, mais qu'ils étaient classés dans le lieu de stockage d'un mot-clé (ou d'une image-clé). Pour retrouver un mot, ou un souvenir, il faut donc retrouver son lieu de stockage en mémoire, et si on ne le trouve pas, c'est l'oubli. Dans une expérience que j'ai réalisée avec Brigitte Roux, les sujets devaient mémoriser des mots (appelés cibles parce qu'ils sont à rappeler) associés à d'autres mots qui changent ou non leur sens : par exemple, le mot souris était appris dans le couple « chauve-souris » ou pour d'autres sujets, dans le couple « petit-souris ». On observe que dans ces conditions, le lieu de stockage du mot « souris » change. Dans le cas de « chauve-souris », le meilleur sondage consiste à donner le mot « chauve » et le sujet évoque le mot « souris » dans 67 % des cas ; lorsque le mot « souris » est à reconnaître parmi des mots de la même famille associative « fromage, rat, chat, ... », il est également bien reconnu, 64 %. Dans ce cas, l'épisode « souris » semble avoir été stocké à la fois avec le mot-clé « chauve » et avec le mot « souris ». Au contraire, dans le cas de « petit-souris », l'épisode « souris » semble surtout avoir été classé avec le mot-clé « souris » car il est reconnu dans 77 % des cas ; en revanche, si l'on donne le mot « petit », le mot « souris » n'est rappelé que dans 30 % des cas. Cette expérience reconstitue assez bien ce qu'on appelle le phénomène du mot sur le bout de la langue. Un mot qu'on ne retrouve pas dans certaines circonstances revient instantanément en d'autres circonstances. Ce phénomène s'explique par le fait que la recherche se faisait dans un mauvais lieu de la mémoire, un peu comme la recherche du mot « souris » dans le lieu de stockage de « petit ».

La mémoire fonctionne donc comme une bibliothèque. Pour retrouver un livre, il faut qu'il soit classé au lieu indiqué sur sa fiche. Si la mémoire peut être comparée à une bibliothèque, on peut se demander quel est son mode de classement : par ordre chronologique d'enregistrement, ou par « matières » ; probablement par « matières », ou plus exactement en fonction des relations sémantiques. Beaucoup de chercheurs imaginent que les mots sont stockés comme dans un grand réseau où les interconnections sont multiples. Certaines parties du réseau sémantique seraient même de véritables arbres hiérarchiques, avec des catégories qui s'emboîtent les unes dans les autres. On explique ainsi facilement le bon rappel de mots qui font partie d'une famille de mots hiérarchisés ou qui font partie d'une famille de mots associés, comme dans les deux expériences de Bower et ses collègues.

2. Les indices de récupération

- *Les concepts et les épisodes sont les noyaux et les électrons des mots*

On peut donc représenter la mémoire comme un vaste réseau, ou un filet de pêcheur, dans lequel les mots sont interconnectés. Lorsque l'on parle de mots c'est pour simplifier les choses, car en fonction de ce que j'ai dit sur les épisodes, il est préférable de se représenter chaque mot comme une sorte d'atome dont le noyau serait le concept du mot, son idée générale, tandis que les électrons seraient tous les épisodes. Chaque épisode contient des signaux, des indices, qui permettent une association avec un ou d'autres concepts. Par exemple, si je peux rappeler le mot « souris » lorsqu'on me dit « chauve », c'est qu'un épisode accroché au concept me donne l'adresse de « souris ». Cette notion d'épisode est peut-être un peu difficile à comprendre, mais elle est essentielle; sans elle, on ne peut expliquer pourquoi dans certains cas, il n'y a pas reconnaissance de mots parfaitement connus du sujet. La figure 3 représente schématiquement la distinction entre le concept et les épisodes de chaque mot.

Dans les exemples de cette figure, plusieurs cas se présentent. D'abord, si souris a été appris avec chat dans de nombreuses situations, tous les épisodes renverront au concept de chat, mais avec des nuances différentes car il y aura des renvois spécifiques à d'autres concepts, par exemple « les Aristochats de Walt Disney », ou « Tom et Jerry ». Lorsque j'apprends dans une liste, souris avec chauve, on peut supposer que l'épisode informant que « chauve-souris » a été appris dans une liste sera plus souvent accroché au concept de « chauve » (ou à celui de « chauve-souris »). Par contre, si j'apprends « petit-souris », il est peu probable que l'épisode soit stocké avec petit, si je me réfère au très faible rappel (30 %) du mot « souris » lorsque « petit » est donné.

- *Les associations: un jeu de piste dans la mémoire*

Un épisode c'est un peu comme un message dans un jeu de piste : le message caché dans un lieu permet d'aller au lieu sui-

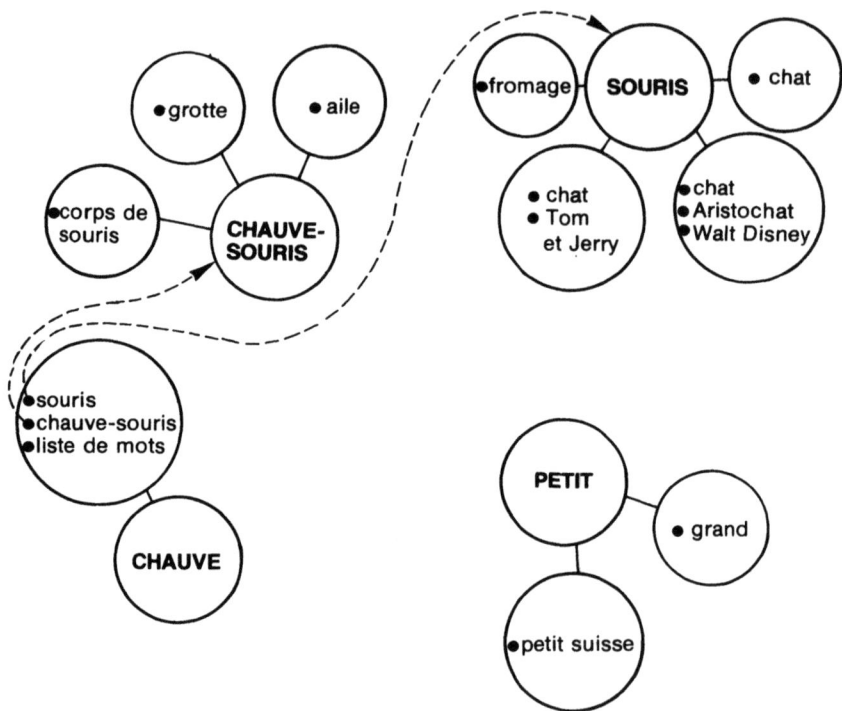

Fig. 3. *Représentation schématique du concept et des épisodes des mots.*

vant. Etant donné le grand nombre d'épisodes enregistrés en mémoire, il existe de très nombreux chemins d'un mot à un autre, ces chemins sont appelés des associations. Plus le nombre d'épisodes est grand et plus le nombre de chemins est grand, on dit que l'association est forte : par exemple, l'association entre chat et souris est très forte, ainsi que l'association symétrique entre souris et chat. Par contre, l'association entre souris et fromage est moyenne; quant à l'association entre souris et petit, elle est faible. On sait mesurer le degré de force des associations. Pour cela, on présente un mot, par exemple souris, à un grand nombre de sujets et on leur demande d'associer le premier mot qui leur vient à l'idée. Avec Maryanne Iff et Patrick Duris, j'ai fait cette expérience (1976) sur 300 étudiants. Voici quelques exemples de mots associés à souris avec le nombre de sujets qui ont donné chaque mot :

SOURIS :   chat   62
                 blanche   35
                 rat   30
                 ...   ...
                 grenier   8
                 fromage   4
                 piège   2
                 moustaches   1

Il y a donc des associations fortes, moyennes ou faibles, mais il faut également noter que certaines associations ne sont pas symétriques. Par exemple, il y a sans doute une association de « chauve » à « souris », mais l'inverse est peu probable.

Comme il est compliqué de parler des épisodes, et plus compliqué de les représenter, nous parlerons plutôt d'associations, elles sont plus commodes à représenter (fig. 4).

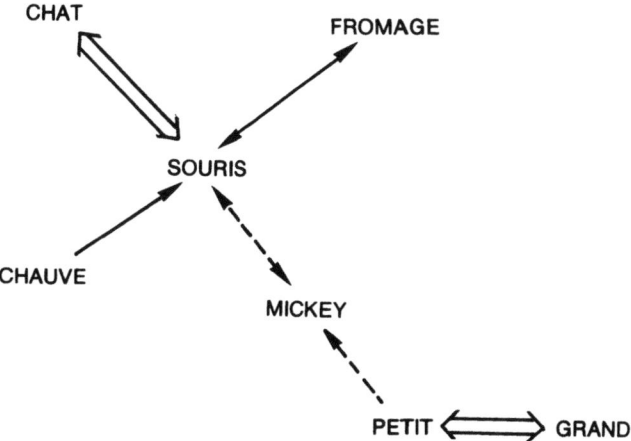

Figure 4. *Représentation schématique des différentes sortes d'associations.*
association forte
association moyenne (ou faible)
association par médiation
association non symétrique

De même que les atomes s'unissent grâce à leurs électrons et forment des molécules, les concepts des mots s'associent entre eux par leurs épisodes. Et comme les associations constituent en quelque sorte la composition chimique intime de la mémoire, les utiliser aide considérablement la mémoire. Si on donne des mots, que l'on appelle cibles, à apprendre et qu'on les présente avec des mots indices, les mots indices fournissent une aide au rappel d'autant plus forte que leur pouvoir associatif est fort. Donald Thomson et Endel Tulving (1970) l'ont montré en modifiant les conditions de codage des mots cibles et les conditions de rappel (tableau 1) :

			Conditions de rappel	
			rappel libre	rappel indicé
	pas d'indice	froid	59 %	—
Codage	indice moyen	terre-froid	45 %	65 %
	indice fort	chaud-froid	51 %	84 %

Tableau 1. Efficacité des indices en fonction de leur pouvoir associatif (d'après Thomson et Tulving, 1970).

Lorsque les mots cibles sont donnés seuls et doivent être rappelés librement, c'est-à-dire sans aide, le rappel est de 59 %. Lorsque chaque mot est codé, appris avec un mot indice, et que cet indice est donné comme aide au rappel (rappel indicé), le rappel est meilleur, 65 à 84 %; mais surtout il dépend du pouvoir associatif de l'indice, ou en d'autres termes de la force de l'association entre le mot et son indice. Lorsque l'indice a un fort pouvoir associatif, le rappel est très fort puisqu'il atteint 84 %.

A l'inverse, il est très important de noter que si on donne un indice avec le mot pendant la mémorisation et qu'on ne donne pas cet indice au moment du rappel, le rappel est alors plus pauvre que si aucun indice n'avait été donné (45 et 51 % au lieu de 59 %). Ce résultat a une importante conséquence pratique. C'est que des indices constituent une surcharge importante de la mémoire parce qu'ils sont également enregistrés; il ne faut donc les apprendre que si on est certain de les retrouver comme aide ultérieurement. Nous verrons que cette règle explique pourquoi certains procédés mnémotechniques ne sont absolument pas efficaces.

Une autre précaution est également à prendre pour que les indices soient efficaces : il est nécessaire, soit qu'une association existe préalablement entre le mot et l'indice, soit que l'on trouve un chemin par l'intermédiaire d'un autre mot qu'on appellera « médiateur ». Ainsi « petit-souris » sera difficile à apprendre car il n'y a pas d'association directe entre petit et souris dans la mémoire ; par contre, je peux essayer de trouver un « rapport » sémantique entre ces deux mots par l'intermédiaire du mot « Mickey » que je me représente comme une petite souris (fig. 4). Ce travail de médiation est en fait à la base de très nombreux procédés mnémotechniques. C'est également une activité de médiation qui est réalisée fréquemment dans l'organisation subjective. Par exemple, c'est le mot « asthme » qui m'avait permis de rappeler les mots « refus » et « pollen », et c'est le terme de « marée noire » qui m'avait permis de relier les mots « vague, bitume, fluide ». On verra dans la troisième partie du livre que l'image est également un médiateur puissant.

- Le fil d'Ariane du rappel

Grâce aux épisodes, aux associations et aux indices nous sommes à présent suffisamment « armés » pour comprendre beaucoup de phénomènes de la mémoire, et tout d'abord pour comprendre la raison pour laquelle le rappel est peu efficace, la reconnaissance très efficace et pourquoi le rappel indicé se situe entre les deux.

Pour reconnaître un mot comme ayant été appris, il suffit qu'un épisode ait été enregistré. La présentation du même mot dans l'épreuve de reconnaissance permettra l'accès direct au concept puis à l'épisode qui indiquera que le mot a bien été appris dans la liste.

Pour le rappel indicé, il faut également un épisode indiquant que le mot a été appris dans la liste mais il faut également une association entre le mot indice et le mot à rappeler. Ainsi, si j'ai appris le mot «froid» avec «terre», il faut qu'il y ait un chemin dans la mémoire entre «terre» et «froid» pour pouvoir évoquer le mot «froid».

Pour le rappel libre, il faut un épisode, une association avec un indice, et il faut que l'indice soit en mémoire à court terme au moment du rappel; sinon, rien ne permet d'aller rechercher un épisode dans un lieu de la mémoire parmi des millions d'autres épisodes: autant chercher un livre dans une grande bibliothèque sans connaître sa référence.

Lorsqu'on apprend une liste ordinaire, quels sont les indices? Nous avons vu à propos de la liste organisée subjectivement que certains mots de la liste peuvent servir d'indices pour d'autres mots, d'autres mots servent de médiateurs. Tant qu'on dispose d'indices en mémoire à court terme, nous avons comme un fil d'Ariane qui nous guide dans le labyrinthe de la mémoire; dès qu'un indice manque nous cassons la chaîne associative. Le même phénomène se produit lorsque nous oublions ce que nous voulions dire, on dit alors «j'ai perdu le fil de mes pensées» et cette expression reflète bien les mécanismes en cause.

Nous verrons que le principe général de tous les procédés mnémotechniques est de constituer une chaîne solide d'indices, que nous appellerons un plan de récupération, ou plus simplement un plan de rappel.

- Mémoire à court terme et récupération

Un plan de récupération, c'est-à-dire une organisation d'indices ou de mots, est nécessaire pour dépasser la capacité de la mémoire à court terme. En effet, nous avons vu que sa capacité était d'environ 7 éléments, comme si elle était composée de 7 cases. Mais lorsqu'une liste est composée d'indices et de mots, la totalité des cases ne peut être réservée seulement pour les indices, car il ne resterait plus de place pour les mots. A l'inverse, la totalité des cases ne peut être utilisée pour les mots, car il ne resterait plus de places pour les indices. Donc, en pratique la capacité de la mémoire à court terme doit être divisée par deux: 3 places pour les indices et 3 places pour les mots. Voilà pourquoi dans l'expérience de Bower et ses collègues, la hiérarchie des mots était construite de façon à ce que chaque niveau d'organisation ne compte pas plus de 3 ou 4 éléments. En fait, cette règle est souple car elle dépend du type de liste utilisé. Si j'ai une liste de catégories dont chacune n'est représentée que par un seul exemple, la capacité sera de 7 catégories environ. Si la liste est composée de catégories dont chacune est représentée par deux exemples, on pourra prévoir que les 7 cases de la mémoire à court terme seront occupées par 5 catégories et deux exemples. Si la liste est composée de catégories de 4 exemples, on pourra prévoir que les 7 cases seront occupées par 3 catégories et 4 exemples d'une catégorie. Plusieurs résultats expérimentaux montrent qu'il en est ainsi. Bien entendu, le total n'est pas exactement de 7, car nous avons vu que ce chiffre n'est qu'une approximation grossière, mais on remarque que pour un nombre constant de mots dans la liste à mémoriser, le nombre de catégories rappelées est inverse de celui des exemples rappelés dans chacune de ces catégories.

Voici à titre d'exemple très représentatif, l'expérience de Endel Tulving et Zena Pearlstone (1966). Ils utilisent de nombreuses combinaisons de catégories pour fabriquer trois listes de 12 mots, trois listes de 24 mots et trois listes de 48 mots. Voici les différentes combinaisons utilisées ainsi que des exemples concrets :

```
12 catégories de 1 exemple
 6 catégories de 2 exemples     12 mots
 3 catégories de 4 exemples
24 catégories de 1 exemple
12 catégories de 2 exemples     24 mots
 6 catégories de 4 exemples
48 catégories de 1 exemple
24 catégories de 2 exemples     48 mots
12 catégories de 4 exemples
```

Catégories de 1 exemple	Catégories de 4 exemples
Animal vache	*Animal* chien vache poule canard
Vêtement jupe	*Sport* judo tennis football golf
Sport judo	
...	...

Signalons que les noms de catégorie ne sont pas à apprendre dans cette expérience, mais sont présentés pour bien délimiter les catégories elles-mêmes. Neuf groupes de sujets apprennent en un seul essai un seul type de liste. Au rappel, chaque groupe est subdivisé en deux sous-groupes; un sous-groupe doit rappeler la liste en rappel libre c'est-à-dire sans aide, tandis que l'autre sous-groupe doit rappeler les mots en s'aidant des noms de catégories imprimés sur une page. Les résultats sont reportés dans la figure 5.

Les résultats indiquent qu'en général, la présentation d'indices améliore très nettement le rappel, ce qui confirme l'efficacité des indices de récupération. On constate également que l'efficacité des indices, ici des noms de catégorie, est d'autant plus efficace que la liste est longue. Ceci est dû au fait que le nombre de mots mémorisés par catégorie (par indice) est à peu près constant et que la seule chose qui limite le rappel libre c'est la capacité de la mémoire à court terme : le nombre d'indices présents en mémoire à court terme au moment du rappel n'est pas illimité. Ainsi, lorsque le nom d'une catégorie n'est pas présent dans la mémoire à court terme, il n'y a plus d'adresses pour retrouver les mots de cette catégorie bien que

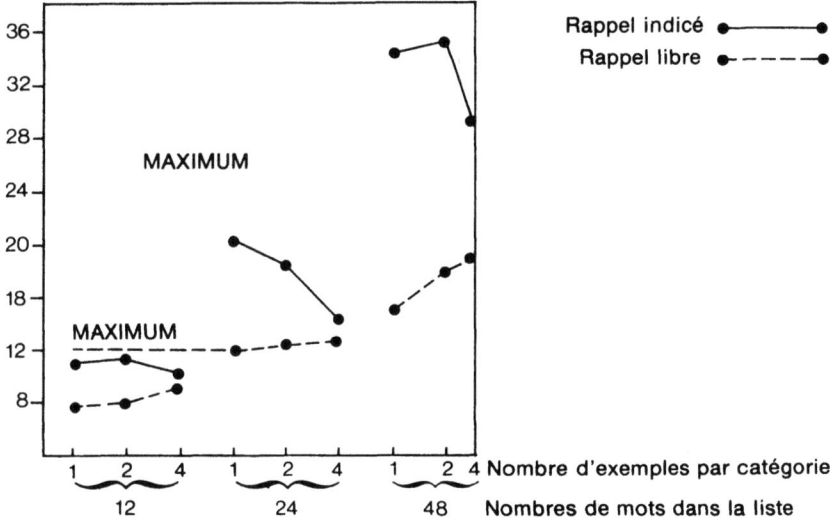

Figure 5. Variation de l'efficacité du rappel indicé en fonction du nombre des indices et du nombre de mots par indice (d'après Tulving et Pearlstone, 1966).

certains d'entre eux aient réellement été enregistrés. Au contraire, si les indices sont imprimés sur la feuille de rappel, cette limitation n'existe plus.

Une exception apparente à la supériorité des indices se remarque dans notre figure, il s'agit de la liste de 3 catégories de 4 exemples. Ce cas illustre parfaitement ce que nous disions précédemment de l'utilisation mixte de la mémoire à court terme. En effet, si dans ce cas, la présentation des 3 noms de catégories dans la condition « rappel indicé » n'aide pas les sujets, c'est que la capacité de la mémoire à court terme est suffisante pour stocker ces 3 noms de catégories tout en réservant 4 cases pour rappeler étape par étape les exemples de chaque catégorie. Examinons à titre d'exemple concret le contenu de la mémoire à court terme pour une liste de 3 catégories de 4 mots chacune. A chaque étape, le contenu d'une catégorie est récupéré de la mémoire à long terme dans la mémoire à court terme, puis rappelé (par exemple par écrit); la mémoire à court terme peut alors se « remplir » à nouveau.

ANIMAL
        vache
        poule
        chat
        chien

SPORT
        tennis
        judo
        golf
        football

VETEMENT
        jupe
        pantalon
        chemise
        corsage

étape 1	étape 2	étape 3
1 ANIMAL	ANIMAL	ANIMAL
2 SPORT	SPORT	vache
3 VETEMENT	tennis	poule
4 jupe	judo	chien
5 pantalon	golf	chat
6 chemise	football	
7 corsage		

Figure 6. Etapes du rappel et contenu de la mémoire à court terme.

Enfin, on remarquera sur la figure 5, que lorsque chaque catégorie n'est représentée que par un seul mot, le rappel libre est de peu supérieur à 7, ce qui indique que lorsque des cases de la mémoire à court terme ne sont pas occupées par différents exemples d'une catégorie, la capacité peut être entièrement utilisée pour stocker le plus de catégories possible. On constate également sur la même figure que le rappel augmente légèrement lorsque la liste est composée de 24 et 48 catégories d'un exemple chacune : le rappel atteint respectivement 11 et 15 catégories différentes, ce qui est supérieur au nombre 7. Mais, comme nous l'avons dit précédemment, plus la liste est longue et plus la possibilité de regroupement est grande. Il est très probable que dans ces derniers cas, les sujets ont pu constituer des regroupements de catégories voisines.

Donc, nous voyons que les résultats ne sont pas toujours très simples mais la conclusion que nous devons retenir est que la capacité de rappel est également limitée par la mémoire à court terme. Nous verrons donc par la suite que les procédés mnémotechniques ont d'autant plus d'efficacité qu'ils permettent de regrouper ou de faire une chaîne entre les mots ou les indices, de façon à « soulager » la mémoire à court terme.

- *La nature des indices*

Qu'est-ce qui peut servir d'indices ? Pratiquement toutes les variétés d'informations peuvent servir d'indices. En ce qui concerne les souvenirs, les mots, les photographies, les odeurs, peuvent permettre la récupération de souvenirs que l'on croyait oubliés ou ensevelis dans la mémoire. On sait que l'association à des mots permet parfois au psychanalyste de faire surgir des souvenirs refoulés. Nous avons vu que les photographies sont des indices extrêmement puissants pour rappeler des noms de camarades de collège. On connaît également le célèbre récit de la madeleine, dans lequel Marcel Proust raconte comment le goût et l'odeur d'une madeleine trempée dans du thé, lui évoqua soudain une foule de souvenirs d'enfance. Tout le monde a également fait l'observation qu'un vieux mur de l'école ou une porte vermoulue de jardin, évoquent parfois des pans de notre vie passée ...

Deuxième partie
L'HISTOIRE DES PROCÉDÉS MNEMOTECHNIQUES

Chapitre III
L'art de la mémoire dans l'Antiquité[1]

1. La légende de Simonide

Une tablette de marbre datant d'environ 264 avant J.-C., fut découverte à Paros au XVIIe siècle. Cette tablette est une découverte archéologique intéressante car elle contient les dates légendaires de certaines découvertes, par exemple, l'introduction du blé par Cérès et Triptolème, et notamment l'invention des aide-mémoire; l'inscription n'est pas entièrement conservée, mais on peut lire : « Depuis le moment où Simonide de Céos, fils de Léoprédès, inventeur du système des aide-mémoire, remporta le prix des chœurs à Athènes ... deux cent treize ans » (c'est-à-dire 477 avant J.-C. dans notre calendrier).

Les circonstances légendaires de cette invention ont été racontées par Cicéron (− 54) et Quintilien (Ier siècle). D'après

---

[1] Pour constituer l'historique de cette deuxième partie, j'ai utilisé plusieurs sources. Tout d'abord le livre passionnant de l'historienne anglaise Frances Yates (1975) intitulé *L'art de la mémoire*; je me suis servi de son livre pour traiter de l'histoire de la mémoire dans l'Antiquité, au Moyen Age et à la Renaissance. Je compléterai certaines de ses informations en puisant dans la *Rhétorique à Herennius* d'auteur inconnu, et dans *Institution oratoire* de Quintilien.

J'ai trouvé les autres sources à la Bibliothèque Nationale à Paris, à la British Library (British Museum) à Londres, à la Cambridge University Library à Cambridge et à la Bibliothèque de la Sorbonne à Paris.

celui-ci, Simonide « avait, moyennant une somme convenue, écrit pour un athlète qui avait remporté un prix de pugilat, un de ces poèmes qu'il était d'usage de composer pour les vainqueurs. On refusa de lui payer une partie de l'argent parce que suivant la pratique commune des poètes, il s'était étendu en digressions dans lesquelles il célébrait Castor et Pollux. Aussi lui dit-on de réclamer cette part à ces demi-dieux, dont il avait chanté les exploits ... En fait si l'on en croit la tradition, ils la lui payèrent. En effet, un grand festin étant donné pour fêter cette même victoire, et Simonide étant invité au repas, on vint le chercher parce que, disait-on, deux jeunes gens arrivés à cheval le réclamaient avec une vive insistance. A vrai dire, il ne les trouva pas, mais la suite prouva la reconnaissance des dieux envers lui. En effet, à peine eût-il mis les pieds hors de la salle à manger que celle-ci s'écroula sur les convives et mêla leurs corps au point que lorsque leurs proches voulurent leur donner une sépulture, ils ne purent malgré leurs recherches, distinguer à aucun signe non seulement les visages, mais aussi les membres des malheureux écrasés. Alors Simonide, se rappelant la place des convives à table, rendit leurs corps à leurs parents ... Ce que fit Simonide semble avoir amené à l'observation que la mémoire est aidée par des cases bien marquées dans l'esprit... »

Cette méthode, appelée la méthode des lieux (ou des loci) a donc été le premier truc pour aider la mémoire, le premier plan de récupération. Cette méthode consiste comme nous le verrons, à transformer en images les éléments que l'on doit apprendre, et à placer chacun d'eux dans un lieu selon un itinéraire bien connu et représenté mentalement. Pour rappeler tous les éléments dans l'ordre, il suffit de refaire mentalement l'itinéraire et de découvrir l'image qui a été placée en chaque lieu. Dans la troisième partie du livre nous décrivons quelques expériences qui démontrent que cette méthode est réellement efficace, comme l'avaient empiriquement découvert tous ceux qui, durant l'Antiquité et le Moyen Age, l'avaient utilisée.

Mais de traités ou de textes sur la mémoire, il n'en reste point, exception faite du livre d'Aristote *De la mémoire et de la réminiscence*. Avant lui, Platon (− 427 - − 347) a pourtant des conceptions originales à propos de la mémoire, et qui méritent d'être soulignées ici car elles inspireront de nombreux systèmes magiques de la Renaissance.

Les idées de Platon sont opposées à la conception d'une aide artificielle de la mémoire, car pour lui, il existe une connaissance virtuelle, témoin des réalités que l'âme connaissait avant de prendre une forme matérielle sur terre. Par exemple, si nous percevons que deux objets sont égaux, c'est parce que l'idée d'égalité est innée. Dans cette philosophie, la mémoire est synonyme de connaissance et elle n'existe pas au sens de conservation de l'expérience passée. Toute évocation n'est que réminiscence d'une vie antérieure de l'âme. On est d'ailleurs frappé par la ressemblance entre cette philosophie de Platon et la croyance en la réincarnation dans certaines religions comme celles de l'Inde. Et il n'est pas impossible que Platon défende là des idées plus anciennes de Pythagore qui, croit-on, avait beaucoup voyagé en Orient, et qui avait peut-être ramené de ses voyages cette philosophie mystérieuse.

Ainsi, Platon écrit à propos de la notion du «général», «cette faculté est une réminiscence des choses que notre âme a vues quand elle cheminait avec l'âme divine et que dédaignant ce que nous prenons ici bas pour des êtres, elle se redressait pour contempler l'âme véritable» (Phèdre, 248-249). Nous verrons plus tard comment ces idées renaîtront.

Le brillant successeur de Platon, Aristote (− 384 - − 322), a des vues totalement opposées qui constitueront la base de la scolastique du Moyen Age, notamment chez saint Thomas d'Aquin, et surtout la base des théories matérialistes de la philosophie empiriste et associationniste des XVIIIe et XIXe siècles.

Dans les traités romains sur la mémoire nous retrouverons trois principes d'Aristote: 1. les objets tels que nous les présente l'expérience sont des réalités; 2. la mémoire est fondée sur des images, dérivées des sensations, qui s'impriment comme un sceau sur de la cire (cette idée qui nous semble naïve préfigure l'idée que le cerveau est la base de la mémoire, donc que la matière est la base de l'«âme»); 3. pour retrouver les images, il faut un ordre et un point de départ.

Il existe bien d'autres observations intéressantes dans le traité d'Aristote, notamment sur les relations entre la mémoire et le temps. Pour lui, la mémoire humaine se caractérise par une référence au passé et implique donc la capacité d'estimer le temps: «c'est du passé qu'il y a mémoire... On doit en effet, quand on se souvient en acte, se dire à l'intérieur de son propre esprit, qu'on a antérieurement entendu, ou perçu, ou conçu telle chose». Mais à ma connaissance, il faudra attendre la fin du XIXe siècle pour voir réapparaître cette idée. L'Antiquité c'est, en ce qui concerne les trucs pour aider la mémoire, la méthode des lieux.

2. L'utilisation du zodiaque

Métrodore de Scepsis est un représentant fameux de cette tradition qui fait des images le support fondamental de la mémoire. Contemporain de Cicéron (Ier siècle avant J.-C.), il faisait partie de la cour de Mithridate, le roi de Perse. Quintilien signale que Métrodore aurait trouvé pour son système mnémonique «trois cent soixante emplacements dans les douze signes du zodiaque» et il ajoute «jactance sans doute et forfanterie d'un homme qui, se glorifiant de sa mémoire, voulait en faire l'honneur à sa méthode plus qu'à la nature». Cette méthode apparaît être une variante de la méthode des lieux, mais Métrodore utilise comme «itinéraire» regroupant les lieux, la carte du ciel, de même que les Romains utiliseront leurs palais, et les moines du Moyen Age, les monastères. D'après les connaissances astronomiques de l'époque, il était certainement possible d'imaginer 360 emplacements ou lieux dans le ciel.

Les Mésopotamiens avaient découvert 52 constellations dont 12 dans l'écliptique (c'est-à-dire le cercle apparent parcouru par le soleil en un an) et qui sont représentées par les douze signes du zodiaque. Les Egyptiens avaient observé la levée héliaque (de hélios qui signifie soleil) des étoiles qui comme l'étoile Sirius se lèvent au même endroit que le soleil, pendant une période de dix jours. Cette période de dix jours était appelée un décan. Il y a à ce propos une expression qui est liée à la découverte des Egyptiens : Sirius était également appelée Canicule parce que cette étoile fait partie de la constellation du Grand Chien (canis signifie chien en latin) et le nom de canicule est devenu synonyme de forte chaleur car la levée héliaque de Sirius a lieu au milieu de l'été.

Ainsi, Métrodore aurait pu utiliser pour sa méthode les douze signes du zodiaque comme supercatégories, dont chacune serait subdivisée en trois catégories représentant chacune une étoile, et chaque catégorie-étoile aurait pu être subdivisée en dix lieux correspondant à chaque jour d'un décan pour chaque étoile. De cette manière, nous obtenons 12 signes × 3 étoiles × 10 jours = 360 lieux. Nous pouvons également nous représenter ce système comme un arbre hiérarchique semblable à celui utilisé par Bower et ses collègues (cf. 1re partie), mais au lieu d'avoir des catégories usuelles, plantes, animaux, etc., nous avons des catégories astronomiques, Bélier, Taureau, etc.

3. Les orateurs romains

A Rome, l'art de la mémoire fut développé à des fins utilitaires, notamment pour plaider. Aussi la mémoire devient-elle un chapitre de la rhétorique ou art de plaider, et c'est à ce titre qu'elle est enseignée dans les écoles et dans les traités. Trois traités ont survécu à la destruction de l'empire romain par les barbares : la *Rhétorique à Herennius*[2] d'auteur inconnu bien qu'elle ait été longtemps attribuée à Cicéron, *l'Eloquence (de Oratore)* de Cicéron et *Institution oratoire* de Quintilien.

La *Rhétorique à Herennius* (environ 84 avant J.-C.) est le premier maillon qui nous reste d'une longue chaîne de traités grecs et romains qui établissaient la tradition de la méthode des lieux depuis Simonide. En effet, une allusion de l'auteur de

---

[2] Ou Ad Herennium (par exemple chez Yates).

la *Rhétorique à Herennius* nous permet de constater que celui-ci connaissait plusieurs traités de ce genre : «Je sais que la plupart des Grecs qui ont écrit sur la mémoire se sont proposés de rassembler les images qui correspondent à un grand nombre de mots, afin que ceux qui voudraient les apprendre par cœur les trouvassent toutes prêtes, sans avoir à travailler pour les chercher». Ainsi ce livre comprend à la fois des conseils originaux de la part de son auteur mais aussi des règles traditionnelles transmises au cours des quatre siècles qui le séparent de Simonide.

L'auteur commence par distinguer la mémoire naturelle (les aptitudes) de la mémoire artificielle (la méthode). Cette dernière est elle-même subdivisée en mémoire pour les lieux (ou cases, ou emplacements) et mémoire pour les images. Pour se souvenir des images, il faut les singulariser, leur attribuer «une beauté exceptionnelle ou une insigne laideur ... en nous représentant telle d'entre elles sanglante couverte de boue ou enduite de vermillon» car nous ne retenons pas ce qui est ordinaire mais ce qui est remarquable. En ce qui concerne les lieux, l'auteur conseille de les prendre dans un palais, une colonne, un angle, une voûte. Mais il faut que ces emplacements soient solitaires, différents, ni trop éclairés ni trop sombres. On notera le parallélisme étroit avec les lois de la vision, qui n'est sans doute pas sans fondement, au moins pour l'individu qui jouit d'une aptitude excellente pour l'imagerie. Rappelons à ce sujet l'anecdote rapportée par le psychologue soviétique Luria qui étudia la mémoire prodigieuse du mnémoniste Veniamin; celui-ci utilisait la méthode des lieux pour perfectionner ses aptitudes déjà exceptionnelles et prenait comme itinéraire des rues; voici comment il expliquait ses quelques oublis sur des listes d'une centaine de mots: «j'avais placé le "crayon" près de la barrière, vous savez, cette barrière dans la rue, le crayon s'était confondu avec la barrière et je passai sans l'apercevoir ... La même chose est arrivée avec l'"œuf". Il s'était confondu avec la blancheur du mur contre lequel il était placé. Comment distinguer un œuf blanc sur un fond blanc ? ... C'est ainsi que le dirigeable gris s'était confondu avec la chaussée grise ... En ce qui concerne "l'étendard rouge" je l'avais appuyé contre le mur du Mossoviet qui est rouge, comme vous le savez, et je ne l'ai pas remarqué en passant ... Quant à "poutamen", je ne sais pas ce que c'est ... c'est un mot très sombre et je n'ai pu le distinguer, le réverbère était loin ...» (1970, p. 37).

L'auteur donne enfin un conseil fort intéressant à la lumière des découvertes contemporaines sur la capacité de récupération de la mémoire (voir 1re partie). «Et pour éviter toute erreur dans le nombre des cases, il faut donner un indice à tous les multiples de 5; par exemple, si à la 5e nous plaçons comme indice une main d'or, à la 10e (docimo) une de nos connaissances dont le prénom sera Décimus, il sera facile en continuant la série d'en faire autant pour tous les multiples de 5.»

Comme il serait lassant de citer tous les conseils contenus dans la *Rhétorique à Herennius*, terminons par un exemple concret fourni par l'auteur inconnu, qui nous permettra de nous représenter vingt siècles après, quel usage pratique pouvait être fait de la méthode des lieux. «Par exemple, l'accusateur prétend que le prévenu a empoisonné un homme, l'accuse d'avoir commis le crime pour s'assurer un héritage et dit qu'il y a, pour le prouver, beaucoup de témoins, beaucoup de gens ayant été dans la confidence. Si nous voulons nous rappeler ce premier point, afin de pouvoir facilement présenter la défense, dans la première case, nous nous tracerons une représentation de toute l'affaire. Nous nous représenterons, étendu dans son lit, malade, l'homme même dont il est question, si nous connaissons ses traits; ou à son défaut, une personne quelconque ... Et, debout, près de lui, à côté de lui, nous placerons l'accusé, tenant de la main droite le poison, de la main gauche des tablettes et des testicules ordinaires de bélier, par ce moyen nous pourrons nous souvenir des témoins (en latin, testis signifie témoin ou testicule), de l'héritage (le testament est écrit sur les tablettes) et de l'homme empoisonné».

Cicéron reprend une partie de tous ces conseils, et défend particulièrement la méthode des lieux, ce qui montre que même à cette époque il existait des appréciations contradictoires sur l'utilité ou l'efficacité de cette méthode: «et qu'on ne dise pas — ce sont des propos inexacts de paresseux — que cette abondance d'images charge et accable la mémoire ... J'ai vu, moi, des hommes de grand mérite et d'une mémoire prodigieuse: à Athènes Charmadas, en Asie Métrodore de Scepsis, qui est encore vivant paraît-il. Tous deux m'ont assuré que, à la façon dont on trace des caractères sur la cire, ils gravaient au moyen des images, dans des emplacements choisis, ce qu'ils voulaient se rappeler».

Quitilien (Ier siècle) était beaucoup plus prudent et se méfiait de la réputation de grande efficacité de la méthode des lieux: «ce procédé, je l'avoue, a quelquefois son utilité par exemple, si nous avons à reproduire les noms d'un grand nombre d'objets dans l'ordre ... mais il offrira moins d'utilité pour apprendre par cœur les parties d'un discours suivi. Car les pensées n'ont pas comme les objets des images propres». Dans ce conseil de prudence, Quintilien est moderne puisque, comme nous le verrons, les recherches expérimentales récentes (notamment Paivio, 1971) ont montré que l'imagerie n'aide pas la mémorisation des mots abstraits.

Après avoir examiné d'autres méthodes, apprendre en murmurant, apprendre sur la même page, etc., Quintilien conclut en insistant sur l'analyse logique et l'exercice: «le moyen presque unique, exception faite de l'exercice, le plus puissant de tous, c'est la division et aussi l'agencement harmonieux des mots ... Un discours est-il trop long pour être confié à la mémoire, on se trouvera bien de l'apprendre par parties. Mais que ces parties ne soient pas trop courtes autrement elles deviendront à leur tour trop nombreuses. Pour ce que nous avons trop de peine à retenir, il n'est pas inutile d'y attacher quelques marques pour que le souvenir serve à rafraîchir et à stimuler la mémoire ... une ancre si c'est d'un navire qu'il faut parler, un javelot si c'est d'un combat». Ces conseils dénotent une connaissance empirique approfondie de deux notions dont nous avons parlé (1re partie) et qui n'ont été redécouvertes que récemment: c'est la capacité limitée de la mémoire à court terme, qui oblige à découper une liste d'éléments, et d'autre part les indices de récupération, notamment les indices catégoriels, l'ancre et le javelot étant utilisés pour rappeler chacun toute une partie d'un discours.

Malheureusement, toutes ces connaissances, toutes ces richesses culturelles de l'Antiquité vont disparaître ...

Chapitre IV
Magie et mémoire

1. L'héritage des Barbares

Au Ier siècle, la culture se désagrège, comme une conséquence directe de la destruction de l'empire romain par les Barbares (Wisigoths, Vandales, etc.). Ainsi, en 410, les Wisigoths conduits par Alaric envahissent Rome. Les manuscrits qui n'ont pas été détruits ne seront découverts que très tard :
- *La Rhétorique à Herennius* n'est mentionnée que vers 830 (cf. Yates).
- Le texte de Quintilien est découvert en 1416 et publié en 1470.
- Le texte de Cicéron ne paraît être connu que vers 1422.

Dans le tableau 2 j'ai reporté ces grandes dates de l'étude de la mémoire en indiquant quelques dates clés de l'histoire événementielle et culturelle comme points de repère. Par rapport à l'Antiquité, le Moyen Age est essentiellement une période de vide culturelle et de reconstruction lente. On peut distinguer approximativement trois périodes :

- De la destruction de Rome à Charlemagne : c'est la période de vide culturel, il n'y a plus rien de connu sur la mémoire si ce n'est quelques vagues traditions orales pendant ces huit ou neuf siècles. Par exemple, Alcuin, théologien anglo-saxon (735-804) répond ainsi à la question de Charlemagne sur la mémoire, «la mémoire est la salle au trésor de toutes les choses ...»; Charlemagne demande alors: «n'y a-t-il pas d'autres préceptes qui nous disent comment on peut l'acquérir ou l'accroître?» et Alcuin répond: «il n'y en a pas d'autres à part s'exercer à apprendre par cœur, pratiquer l'écriture, s'appliquer à l'étude» (cité par Yates).

- La réorganisation féodale et l'emprise de l'église catholique: avec la réorganisation féodale, la culture renaît dans les monastères et dans les universités ou écoles, essentiellement de théologie, académie de Florence, Sorbonne. Des traités anciens et surtout des fragments de manuscrits sont retrouvés, Aristote et un certain nombre de documents qui sont attribués indistinctement à un certain Tullius (peut-être Cicéron). Le mélange des idées aristotéliciennes et théologiques donne la scolastique. Par exemple pour saint Thomas d'Aquin (XIIIe siècle) la mémoire devient une partie de la vertu de prudence qui vient de Dieu, en conséquence de quoi les conseils de *la Rhétorique à Herennius* de constituer des images laides ou honteuses pour mieux les retenir, sont bannis des traités. Dans sa Somme théologique, Thomas d'Aquin fait à propos de la mémoire, une synthèse entre Aristote et la méthode des lieux: «Pour la réminiscence, il faut prendre un point de départ, d'où l'on commence à avancer pour se rappeler. C'est pourquoi on peut rencontrer des gens qui se rappellent à partir des lieux dans lesquels une chose a été dite, faite ou pensée ... En conséquence, Tullius enseigne dans sa Rhétorique, que pour se rappeler facilement, il faut imaginer une certaine succession de lieux sur lesquels on distribue dans un certain ordre les images de toutes les choses que l'on veut se rappeler».

- La fin du Moyen Age et le début de la Renaissance: au cours de cette période de fin du Moyen Age, on prend comme système de lieux des monastères, des cathédrales ou des cartes imaginaires des cieux (paradis, enfer, purgatoire) mais cette tendance disparaît avec le déclin de la féodalité.

2. Les systèmes magiques de la mémoire

Dès la fin du XIIIe siècle, les grandes entreprises de défrichement fléchissent. L'agriculture, dans son cadre féodal, ne progresse plus. Les taxes, les barrières douanières entre les fiefs empêchent le développement du commerce et de l'industrie naissante. Au début du XIVe siècle, une terrible famine ravage la France et d'autres pays. En 1348 éclate la «grande peste»; un tiers de la population de l'Europe disparaît. Les guerres civiles ou avec l'étranger, la guerre de cent ans, dépeuplent et désorganisent les Etats. La classe des seigneurs féodaux est en grande partie détruite. Les serfs sont affranchis en masse, les bourgs se développent et avec eux, une classe naît, formée d'artisans, de commerçants, de négociants; cette classe a besoin d'idées neuves pour s'opposer aux seigneurs et à l'Eglise féodale. C'est la Renaissance.

Cette période est riche en découvertes: 1456, première bible imprimée par Gutenberg; 1492, découverte de l'Amérique. Les humanistes recherchent passionnément les écrits des Anciens. On veut tout savoir, tout embrasser, de même que les armateurs veulent conquérir plus. C'est l'esprit encyclopédique de Pic de la Mirandole (XVe siècle) qui aspire à la fusion de toutes les connaissances, à la réconciliation de la religion officielle avec la pensée des Anciens, les idées platoniciennes, la science secrète juive — la Cabale — et l'Hermétisme, c'est-à-dire la science du dieu égyptien que les Grecs appelaient Hermès. Bannie des traités scolastiques, la magie revient avec force, peut-être dans le sillage des famines et des épidémies qui devaient inciter le paysan ou le bourgeois à croire plus au Diable qu'en Dieu.

C'est dans ce climat encyclopédique et occulte que naissent certaines tentatives de fabriquer des systèmes de mémoire, magiques, capables d'englober toute la connaissance. Giulio Camillo, Italien du XVIe siècle, exploita dans ce contexte la méthode des lieux. Pour lui, le bâtiment qui fournit les lieux n'est plus la villa, ni le palais romain pas plus que le monastère ou la carte du ciel, mais plutôt un théâtre ou plus, un amphithéâtre comme à l'académie de Florence ou la Sorbonne.

Cet amphithéâtre est construit à partir du nombre magique « sept ». On distingue (cf. fig. 7) sept travées dénommées les sept pilliers de la maison de la sagesse de Salomon : au centre, Apollon et, vers les côtés, Mars, Jupiter, Saturne, Vénus, Mercure, Lune. Dans chaque travée se trouvent sept gradins, par exemple, le banquet, la caverne, les gorgones ... Et dans chacun de ces quarante-neuf gradins, est réparti un nombre de lieux jamais supérieur à sept, qui désignent une certaine partie du savoir. Ainsi dans la caverne de la Lune, le lieu Neptune désigne ce qui se rapporte à l'eau et aux éléments composés ; dans le Prométhée de Jupiter, le jugement de Paris désigne tout ce qui se rapporte à la loi civile ; dans le Prométhée de la Lune, on trouve l'Hymen pour ce qui se rapporte au mariage ...

Camillo intéressa vers 1530 le roi François Ier qui finança ses recherches pendant quelques années. Mais quel était son but ? Sans doute, à cette époque mémoire et connaissance étaient-elles confondues et en fonction des conceptions platoniciennes sur le caractère inné (propriété de l'âme) de la connaissance, Camillo, comme d'autres et à l'instar des alchimistes avec la pierre philosophale, essayait de rechercher la structure innée de l'âme (pour nous, de la mémoire) qui aurait permis d'apprendre sans effort toute connaissance, en somme d'accéder directement à la source de la connaissance. Mais si nous débarrassons, avec notre regard matérialiste du XXe siècle, ce système de ses « oripeaux » magiques, nous constatons que son auteur (tout comme celui de la Rhétorique à Herennius) concevait la notion de capacité limitée de récupération et la possibilité de dépasser celle-ci par un système qui prélude à nos systèmes de plans de récupération hiérarchiques.

Giordano Bruno, le « mage », poursuivit cette même mission mystique, depuis sa fuite du couvent dominicain de Naples, où il était entré en 1563, jusqu'à sa mort sur le bûcher de l'inquisition romaine. Pendant tout ce temps, il mène une vie d'errance à travers la France, l'Allemagne, l'Angleterre et publie une multitude de livres dont deux ouvrages essentiels, les « Ombres » et les « Sceaux ». Malgré toute son érudition concernant la Renaissance et particulièrement la tradition hermético-cabalistique, Frances Yates a du mal à traduire en

MAGIE ET MEMOIRE 57

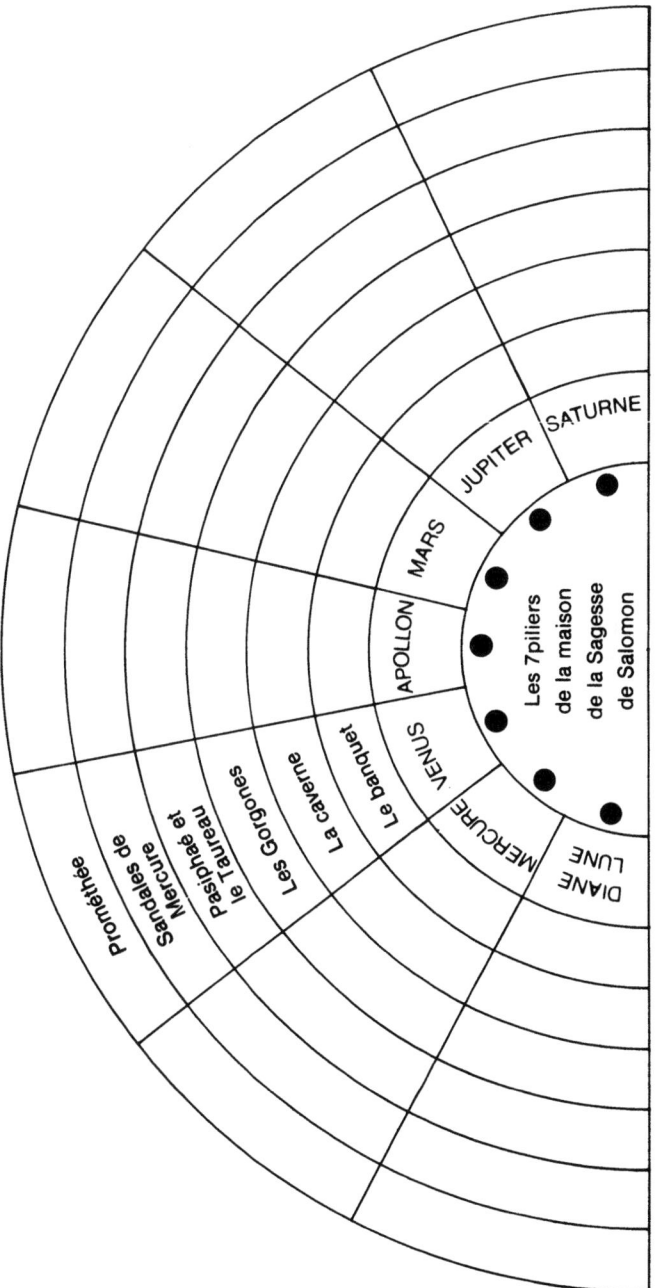

Figure 7. *Théâtre de la mémoire de Giulio Camilo (d'après F. Yates, 1975).*

nos termes actuels le message mystique de Bruno ou est-ce une sorte de mimétisme qui fait se ressembler les deux styles: pour elle, Giordano Bruno « offre une religion, une expérience hermétique, un culte initiatique intérieur, dont les autres guides sont l'Amour, qui élève les âmes jusqu'au Divin par suite d'un "furor" (frénésie) divin, l'Art, qui permet de s'unir à l'âme du monde, la Mathésis, qui est une utilisation magique des figures, la Magie, entendue comme magie religieuse » (Yates, p. 279). Mais les prétentions de Bruno sont également scientifiques comme il l'explique lui-même : « J'acquis un tel renom que le roi Henri III me fit appeler un jour, et me demanda si cette mémoire que je possédais et que j'enseignais était une mémoire naturelle ou si elle était obtenue par la magie; je lui démontrais qu'elle n'était pas obtenue par la magie; mais par la science » (cf. Yates, p. 216). Néanmoins ce récit fut fait devant les inquisiteurs vénitiens et il est difficile de démêler les véritables intentions de Bruno, et cela d'autant plus qu'à cette époque magie et science ne s'excluaient pas.

Le système mnémonique des Ombres est extrêmement complexe. Il est représenté spatialement comme un cercle formé de quatre roues qui correspondent à quatre systèmes. D'après Yates, les roues sont empruntées à Raymond Lulle, mystique espagnol, et leur fonction, mal connue, était peut-être de permettre des combinaisons correspondant à des conjonctions astrales ou comme le suppose Yates peut-être était-ce la préfiguration des combinaisons mathématiques dont nos ordinateurs actuels sont l'aboutissement. Chaque roue ou système possède deux entrées: la première est alphabétique et est composée de trente cases correspondant à trente lettres (alphabet latin + lettres grecques et hébraïques), chacune de ces trente cases est subdivisée en cinq parties correspondant à cinq voyelles. L'autre entrée est différente pour chacune des quatre roues mais leur principe de construction est le même; il s'agit d'un système permettant de générer 150 images.

La première roue est celle des images stellaires (cette liste ainsi que celles des troisième et quatrième roues seraient en grande partie empruntées au traité de magie d'Agrippa, cf. Yates); voici sa reconstitution sous forme hiérarchique d'après les indications fournies par Yates.

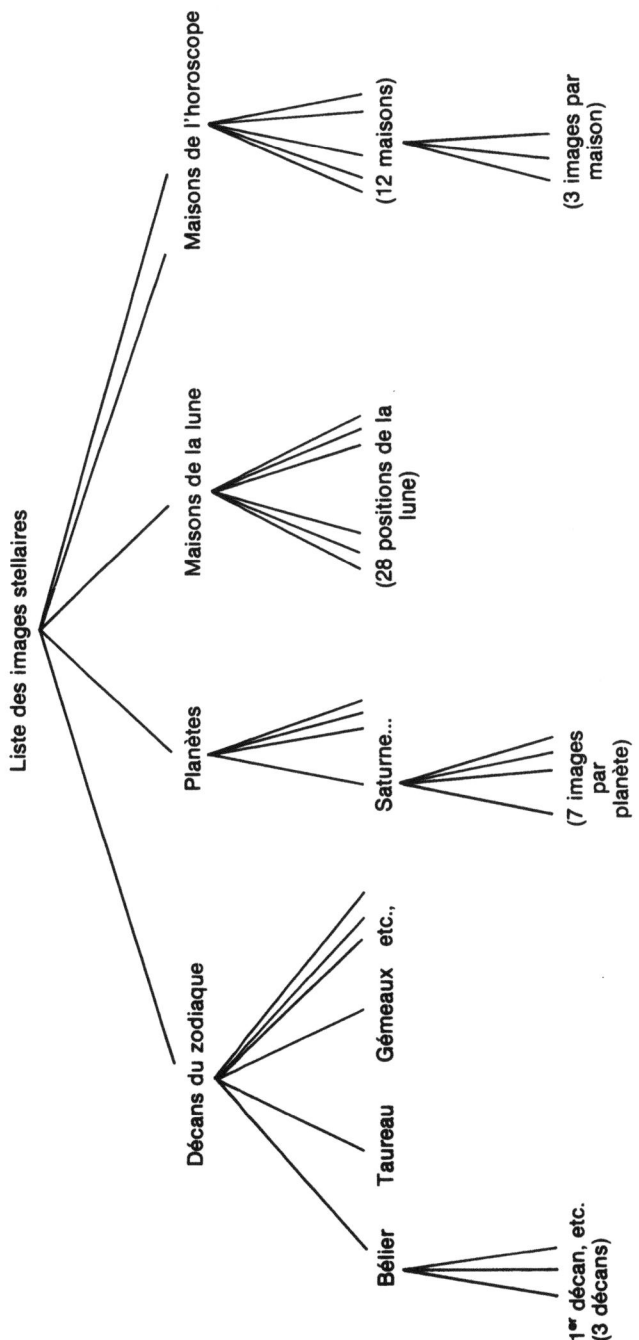

D'après les informations fournies par Yates, je n'ai réussi à reconstituer que 149 images, peut-être la cent cinquantième est-elle l'image correspondant à Simonide, l'inventeur de l'art de la mémoire, comme c'est le cas pour la quatrième roue. Ces 149 images se décomposent en:

- 36 images pour les décans du zodiaque, 3 décans multipliés par 12 signes du zodiaque. Voici quelques exemples et leur correspondance avec l'entrée alphabétique:

> Bélier   Aa: un homme noir énorme aux yeux de feu ...
> Ae: une femme
> Ai: un homme qui tient une sphère et un bâton
>
> Taureau   Ao: un homme qui laboure
> Au: ...
> Ba: ...
>
> Gémeaux   Be: ...
> etc.

- 49 images dans les planètes; 7 images par planète. Exemple: 1re image de Saturne: un homme à la tête de cerf sur un dragon, tenant à la main droite un hibou qui mange un serpent.

- 28 images pour chaque position de la lune dans un mois.

- 36 images pour les maisons de l'horoscope, avec 12 maisons qui représentent 12 aspects de la vie, naissance, richesse, parents ... emprisonnement, et trois images pour chaque maison.

La deuxième roue est une liste du monde animal, végétal et minéral. La troisième roue est une liste, toujours de 150 éléments, d'adjectifs. Yates nous dit «je ne peux expliquer le choix extraordinaire des cent cinquante adjectifs de cette liste» (p. 235) mais d'après le groupe de cinq qu'elle donne, il semble qu'il s'agisse de groupes sémantiques: Aa, noueux; Ae, contrefait; Ai, entortillé; Ao, sans forme; Au, fameux. Enfin, la quatrième roue est une liste impressionnante de 150 inventeurs, groupés par cinq autour d'un thème; par exemple, le groupe agricole:

Aa : Rhegima, l'inventeur du pain de chataigne.
Ae : Osiris, l'inventeur de l'agriculture.
Ai : Ceres, l'inventeur des jougs.
Ao : Triptolème, l'inventeur des semailles.
Au : Pitumne, l'inventeur des engrais.

Le cent cinquantième nom est celui de Mélicus (= Simonide).

Pour Giordano Bruno, ces systèmes sont des plans pour organiser la mémoire et récupérer les souvenirs et même plus généralement pour organiser la connaissance : « Pour contrôler la mémoire, il est nécessaire de disposer en ordre les nombres et les éléments ... en utilisant des formes faciles à se rappeler (les images du zodiaque) ... Je te dis que si tu contemples tout cela avec attention, tu pourras atteindre un art figuratif, capable d'aider non seulement la mémoire mais aussi toutes les facultés de l'âme d'une manière admirable » (cité par Yates, p. 234).

Les « Ombres » parurent à Paris en 1582. Nous sommes au plus profond des guerres de religion. Dans le même temps où elle s'élève contre les derniers remparts de la féodalité, la bourgeoisie montante lutte contre l'Eglise officielle : sous couvert d'humanisme, de protestantisme, on veut prendre son indépendance, ne plus payer de taxes et lutter contre les privilèges. En 1517, Luther proteste contre le scandale des indulgences. Mais l'Eglise officielle réagit, en 1542, c'est la mise sur pied de l'inquisition, dont Bruno sera victime comme Copernic et Galilée et en 1571, c'est la constitution de la congrégation de l'index. En 1572, le massacre de la Saint-Barthélemy arrête la vague de protestantisme en France. En Angleterre, les intérêts politiques sont différents. Afin de lutter contre le complot des catholiques qui veulent mettre Marie Stuart d'Ecosse au pouvoir, Elisabeth Ire provoque la séparation complète de l'Eglise anglaise et de l'Eglise romaine. C'est une religion calviniste qui devient religion d'Etat. Elle s'élève contre le luxe, les privilèges et les ornements.

Dans ce contexte européen de retour à la simplicité, apparaît le Français Pierre de la Ramée, né en 1515 et assassiné comme huguenot lors de la Saint-Barthélemy. Pierre de la Ramée fait table rase de toutes les complications pédagogiques. Il défend l'ordre dialectique exprimé par un schéma où les aspects généraux se dichotomisent en aspects de plus en plus spécifiques et individuels pour aboutir à une classification en arbre. Cette méthode pédagogique connut un grand succès dans l'Angleterre puritaine d'Elisabeth, à tel point que Giordano Bruno n'hésita pas à l'inclure dans son livre paru en Angleterre, en 1584, les «Sceaux».

Il semble que les «Sceaux» soient une sorte de conglomérat de tous les sytèmes dont Bruno aurait eu connaissance. Il y a trente sceaux que Yates définit comme «trente définitions des principes et des techniques de la mémoire magique, suivies par trente «explications» plus ou moins inexplicables, certaines illustrées par des diagrammes semi-mathématiques, plus ou moins insolubles. On se demande combien de lecteurs ont franchi ce barrage» (Yates, p. 267).

Le premier sceau est le «champ». Le champ est la mémoire et l'imagination dont les vastes replis peuvent fournir des lieux pour les images. Ce premier sceau nous ramène donc à la méthode des lieux qui nous est familière. Le deuxième sceau est le «ciel». Pour pouvoir «graver l'ordre et la série des images du ciel», il faut diviser celui-ci en douze parties comme dans un horoscope. Ici nous retrouvons le système inauguré par Métrodore de Scepsis et exploité dans les «Ombres». Le sceau de la «chaîne» souligne que la mémoire doit aller de ce qui précède à ce qui suit, comme les maillons d'une chaîne, ainsi que l'enseignait Aristote. Le «sceau de l'arbre» se réfère à l'arbre de la connaissance et au système de classification de Pierre de la Ramée. Le sceau de l'«échelle» est constitué par des combinaisons de roues inspirées de Lulle. Le sceau de la «table» (n° 9) décrit l'alphabet visuel (dû à Pierre de Ravenne et dont nous trouvons une ébauche dans l'Ad Herennium) qui consiste à se rappeler des lettres grâce à des images de personnes dont les noms commencent par cette lettre. Le sceau de «la fontaine et du miroir» (n° 22) paraît à nouveau inspiré du système pédagogique de Pierre de la Ramée: «Je contemplais un savoir unique sur un sujet unique (écrit Bruno). Pour toutes ses parties principales se succédaient selon une disposition ordonnée, un grand nombre de formes principales ... et, pour toutes les subdivisions secondaires des parties, un grand nombre de formes secondaires se reliaient aux formes principales ». Le sceau du « cloître cabalistique » (n° 28) décrit les ordres de la société, du pape aux diacres, et du roi au paysans.

Tableau 2 : Quelques dates de l'histoire de la mémoire.

	EVENEMENTS POLITIQUES	SCIENCES, ARTS...	LA MEMOIRE
A N T I Q U I T E		*3000 av. J.-C.* En Mésopotamie, découverte de l'écliptique, 52 constellations dont 12 dans l'écliptique (Signes du zodiaque) *600 av. J.-C.* En Egypte : levée héliaque et décans *Ve siècle av. J.-C.* PYTHAGORE *287, 212 av. J.-C.* ARCHIMEDE *140 av. J.-C.* PTOLEMEE	*environ Ve siècle av. J.-C.* Origine hypothétique de la mnémotechnie en Mésopotamie et en Egypte *Ve siècle av. J.-C.* SIMONIDE, inventeur historique de la mnémotechnie *427, 347 av. J.-C.* PLATON *384, 322 av. J.-C.* ARISTOTE *82, 86 av. J.-C.* « Ad Herennium » (auteur inconnu) METRODORE de SCEPSIS (même époque que CICERON) *54 av. J.-C.* « De Oratore » de CICERON *34 av. J.-C, 1er siècle ap. J.-C.* Chapitre sur la mémoire dans des traités de rhétorique *1er siècle ap. J.-C.* QUINTILIEN
	73, 71 av. J.-C. Révolte de SPARTACUS POMPEE *410 ap. J.-C.* Rome est détruite par les Wisigoths conduits par ALARIC		

511 Mort de CLOVIS Conquêtes arabes		
732 MARTEL bat les Arabes à Poitiers		
800 CHARLEMAGNE est couronné empereur	VIDE CULTUREL Culture très appauvrie, essentiellement orale, conséquence des invasions barbares	*830* Mention de l'« Ad Herennium »
1099 Prise de Jérusalem (Croisades)	X^e et XIe siècles Art roman	
1285 Avènement de Philippe « Le Bel »	XIIe et XIIIe siècles Art gothique	XIIIe siècle Saint Thomas d'AQUIN
1337 Début de la guerre de cent ans		
1348-1349 Famine et « Grande peste »		*1416* Texte complet de QUINTILIEN
1357-1358 Révolte parisienne (Etienne MARCEL)		*1422* Texte complet de CICERON
1429 MEDICIS à Florence	*1456* Première Bible imprimée par GUTENBERG	

M
O
Y
E
N

A
G
E

RENAISSANCE et TEMPS MODERNES		
1515 Avènement de FRANÇOIS Iᵉʳ, Marignan *1517* LUTHER contre les Indulgences	*1492* Découverte de l'Amérique par Christophe COLOMB	
1542 Inquisition à Rome *1543* Congrégation de l'index	*1543* COPERNIC « Des révolutions célestes » *1550* DU BELLAY, RONSARD	*1515-1572* Pierre de la RAMEE *1530* Giulo CAMILLO et le Théâtre de la mémoire *1533* Romberch de KYRSPE et les listes d'images *1554* GRATAROLI : Traité sur la mémoire
1558 Avènement d'ELISABETH Iʳᵉ *1563* Eglise anglicane *1572* La « Saint-Barthélemy »		*1582* Giordano BRUNO : « Les ombres » *1584* Giordano BRUNO : « Les sceaux »
1610 Assassinat de HENRI IV	*1609* KEPLER : astronomie nouvelle *1637* DESCARTES : « Discours de la méthode » *1685* NEWTON : loi de la gravitation universelle	

Chapitre V
Les « Temps modernes » de la mémoire

1. Les traités du Moyen Age et de la Renaissance

Avant d'aborder les procédés mnémotechniques du XVIIe siècle, il faut revenir en arrière. En effet, si Camillo et Bruno sont les représentants illustres du courant magique de la mémoire, c'est plutôt une foule de petits traités qui assurent vraiment la continuité entre l'enseignement des orateurs romains et le siècle des lumières.

Les plus anciens opuscules sur la mémoire que nos bibliothèques ont pu conserver sont des notes de Roger Bacon datant de 1274 (bibliothèque d'Oxford) et un ouvrage de Thomas Bradwardini datant de 1325 (British Museum, n° 3744, Sloane collection). Bradwardini était évêque de Canterbury. Roger Bacon (qu'il ne faut pas confondre avec Francis Bacon) eut une grande renommée; on le surnommait le Docteur admirable. Né en 1214 dans le Somerset, il fit ses études à Oxford puis à Paris, devint ensuite franciscain. Il était réputé pour ses travaux sur la chimie et l'optique mais sa science mal comprise de ses contemporains lui valut d'être jeté plusieurs fois en prison pour pratique magique. Il connaissait le latin, le grec, l'hébreu, l'arabe, et il consacra beaucoup de temps et d'argent à réunir les précieux ouvrages qui restaient de l'Antiquité. Je n'ai pas pu lire ses notes sur la mémoire ni d'ailleurs l'opuscule attribué à Bradwardini, mais ce dernier traite de la méthode des lieux, d'après John Millard (1813).

Parmi les nombreux traités qui furent publiés par la suite, Publicius (1482), Pierre de Ravenne (1491), je résumerai celui de Romberch de Kyrspe (1533) appelé également Joannes Host de Romberch. Son livre, intitulé, *Congestorium artifisiose memorie* et publié à Venise en 1533, est un bon exemple des traités de cette époque. C'est une compilation de conseils inspirés des orateurs romains et de listes servant probablement de méthode des lieux. Parmi les nombreuses listes contenues dans l'ouvrage, les premières font correspondre des images à des lieux dans une pièce, à des ornements ou objets d'église (burette, étole, crosse d'évêque, lutrin), ou aux ordres des anges (séraphins, chérubins, archanges), etc. Ces listes sont donc en quelque sorte classiques dans la mesure où elles représentent des lieux à l'instar des palais romains. Mais d'autres listes sont plus originales et font correspondre des images à des lettres de l'alphabet ou à des chiffres. Par exemple, au A correspond un compas, au B une mandoline, au C un cor. On constate que l'image ressemble à la forme de la lettre et il s'agit donc dans notre langage moderne d'un code (voir 1re partie), mais à quoi servait ce code ? Sans doute s'agit-il là seulement d'une variante de la méthode des lieux, mais plus abstraite : les idées clés d'un discours ou d'un sermon étaient probablement transformées en images et liées à chaque image de l'alphabet dans l'ordre du discours ou du sermon. D'autres listes sont plus complexes et représentent des images pour des chiffres et des multiples de 10, par exemple, 10 est représenté par une croix de Malte, 50 par un arc et une flèche, 1.000 par des plumes de paon. Peut-être s'agit-il là d'une innovation importante, celle du code chiffre-image que l'on rencontrera plus clairement exposé dans des traités plus tardifs. Jusqu'à cette époque en effet on se préoccupait d'apprendre des listes d'objets, des discours, des sermons, mais pas des chiffres. Ceci nous semble étonnant à nous, hommes du XXe siècle qui devont mémoriser notre numéro d'immatriculation, notre numéro de voiture, le numéro des bus que nous prenons, les nombreux numéros de téléphone dont nous avons besoin. Mais avait-on besoin d'apprendre des nombres au Moyen Age et à la Renaissance, probablement pas, mis à part les banquiers et commerçants. Mais avec le développement des connaissances, mathématiques, chimie et surtout du commerce et des échanges, l'importance des chiffres commença probablement à se faire sentir ...

A en juger par le nombre impressionnant des copies et des traductions, le traité de Guillaume Grataroli publié à Rome en 1554 fut un « best-seller » de l'époque médiévale dans toute l'Europe. Parmi les traductions (augmentées par leurs auteurs) célèbres, il y a le *Château de la mémoire* par William Fulwood (1562, en anglais) et la traduction française d'Estienne Copé, *Discours notables des moyens pour conserver et augmenter la mémoire* paru à Lyon en 1555. La première partie du livre est consacrée à l'exposé de conseils concernant la mémoire, notamment des conseils médicaux. Grataroli était en effet médecin, il exerça à Bergame puis à Bâle où il acquit une très grande notoriété. Parmi les remèdes cités, il y a la purgation et la décoction de camomille, et parmi les substances bonnes pour la mémoire, on relève le gingembre, le clou de girofle, le sucre, les racines de glaïeul, etc. La seconde partie du livre est consacrée à la mémoire « locale » (méthode des lieux) ou mémoire artificielle. En préambule, l'auteur affirme que la mémoire est le bien principal de l'homme, ce qui établit un contraste avec le siècle de Descartes où nous verrons que la raison (l'intelligence) détrônera la mémoire. L'auteur distingue ensuite deux types d'activités de la mémoire, le mouvement et la réminiscence, ce qui ressemble étrangement aux distinctions récentes concernant le codage et la récupération : les principaux mouvements (nous dirions actuellement « codage ») sont les images, les collections d'images et la rationalisation, tandis que les préceptes de la réminiscence concernent l'ordre, les lieux et la répétition. Mais la méthode pratique qui est exposée est encore la méthode des lieux. L'auteur cite d'ailleurs Cicéron, Métrodore et un auteur inconnu qui code un alphabet avec des noms de bête (il s'agit sans doute de Romberch de Kyrspe). Il utilise différentes variantes de la méthode des lieux, une liste d'animaux dont l'initiale commence par chacune des lettres de l'alphabet (Afinus, Basilicus, Canis,

Draco ...), des lieux classiques comme des palais, des listes de professions. L'auteur ajoute un conseil important, celui de diviser chaque bête en cinq lieux, tête, pattes, de façon à multiplier le nombre de lieux: cette précision nous indique que l'auteur avait pris conscience de la notion de capacité limitée de la mémoire, ainsi que Camillo et Bruno et comme les orateurs romains, bien avant eux.

Le début du XVIIe siècle est encore nettement marqué par l'utilisation des images. Ainsi, dans *L'art de la mémoire ou plustost de la Resouvenance* (Paris, 1604), Hierosme Marafioti propose une nouvelle méthode, en fait une variante de la méthode des lieux, qui consiste à composer des images sur différentes parties de la main, phalanges par exemple, et à les utiliser comme indices qui permettent de récupérer des parties d'un discours ou d'un sermon. Mais c'est, semble-t-il, au cours de ce siècle qu'apparaît l'idée de constituer ce que nous appellerions un code numérique destiné à transformer des chiffres en images ou autres symboles. Nous avons vu que Romberch de Kyrspe employait déjà des correspondances chiffres-images mais ces correspondances paraissaient arbitraires tandis que chez les auteurs du XVIIe siècle, la forme de chaque image ressemble à la forme d'un chiffre. Un tel code apparaît chez Ioan Baptistae Portae dans *l'ars reminiscendi* (Naples, 1602). Voici les noms des objets utilisés sous forme d'images par Portae:

0 citrouille
1 couteau
2 faucille
3 arc
4 image d'un arbre en forme de 4
5 image d'un serpent en forme de 5
6 image d'un serpent en forme de 6
7 faux
8 lunettes
9 crosse d'évêque

Cette technique sera reprise ou peut-être inventée parallèlement par un mnémoniste célèbre de son vivant, Laurent Schenckel, dit Schenckelius. Schenckel est né en 1547 à Boisle-Duc en Hollande. Son père était médecin et peut-être est-ce par lui que Laurent Schenckel connut l'œuvre de Grataroli dont il s'est sans doute inspiré, car nous verrons des ressemblances entre les deux œuvres. Après avoir été recteur d'une école publique, il parcourut l'Europe pour faire des conférences sur ses méthodes de mémoire artificielle. Ses cours connurent tout d'abord un grand succès et il eut beaucoup de disciples, puis il finit par ne plus trouver d'élèves. On dit que lorsque son succès atteint son apogée, il délégua son disciple Martin Sommer pour faire des conférences à sa place. De cette époque, il reste un grand nombre de livres, traductions, copies (1610, 1643, etc.). Plus tard, lorsque tous ces livres se firent rares, l'éditeur Kluber rassembla les œuvres de Schenckel dans un *Compendium de Mnemonik* (1804).

L'œuvre de Schenckel est assez mystérieuse car il écrivait dans un latin codé afin de ne livrer ses secrets qu'aux initiés, c'est-à-dire à ceux qui avaient payé pour assister à ses cours. Par exemple, il inversait l'ordre des lettres, en supprimait certaines ou au contraire doublait certaines d'entres elles pour marquer le pluriel. Fort heureusement, il existe une traduction française de son traité de mnémonique effectuée par Adrian Le Cuirot sous le titre *Le magasin des sciences, ou vray art de mémoire descouvert par Schenckelius* (Paris, 1623).

En fait de découvertes, il s'agit essentiellement d'un plagiat des auteurs antiques, notamment de la *Rhétorique à Herennius*. Par exemple, les conseils qui sont donnés pour former des images sont présentés sous forme de 28 règles, qui se répètent, et dans lesquelles on reconnaît les préceptes des orateurs romains concernant la méthode des lieux: ainsi, la règle n° 2 est de faire des images actives, la règle n° 4 indique qu'il ne faut pas faire des images trop petites, «si les objets sont petits comme un fourmy (une fourmi), une mouche, il y aura une personne qui les monltrera au doigt» (p. 141). Il faut également «que les images soyent proportionnées aux parois» (règle n° 5), «que les représentations soyent difformes et ridicules pour mieux exciter la mémoire» (règle n° 9). On trouve également les conseils de diviser un long texte en parties, et de transformer les mots-clés en images ou en abréviations. En revanche, ce qui est nouveau par rapport à l'Antiquité, mais sans doute inspiré de Portae, c'est le code chiffre-image; néanmoins les images sont différentes:

1 cierge
2 ligne (en forme de 2)
3 triangle
4 carré
5 main
6 étoile
7 hache
8 calice
9 cornet
10 anneau

Enfin, en ce qui concerne les préceptes médicaux, nous trouvons beaucoup de ressemblances avec l'œuvre de Grataroli. Ainsi est-il conseillé « quelques herbes pour consommer les humeurs superflues et les déssécher, rof-marin (romarin), marioraine (marjolaine), muscades ... ». Outre les médicaments, l'auteur donne des prescriptions plus savantes : « lavant la teste avec du lait dans lequel on aura fait bouillir mauves, guimauves, chamomille ... oindre icelle avec huile d'amande, chamomille meslée avec graisse de canard, d'oye et moelle de bœuf » (p. 356).

Mais au cours de ce siècle des lumières, la méthode scientifique se trouve progressivement sélectionnée contre les ambitions et illusions de la magie. L'astrologie se trouve différenciée de l'astronomie qui permet de mener les bateaux à bon port, de même l'alchimie est consciemment séparée de la physique et de la chimie qui permet le travail des métaux sans qu'il soit nécessaire d'ajouter de la bave de crapaud ou d'attendre la nouvelle lune. Une nouvelle génération de savants apparaît, représentée par Descartes qui célèbre la raison et condamne la méthode des lieux et les roues magiques à se tapir dans leur antre à odeur de soufre. Ainsi, voici comment Descartes juge la méthode de Schenckel: « En parcourant les fécondes sottises de Lambert Schenckel (son livre sur l'Art de la mémoire), j'ai réfléchi qu'il me serait facile d'embrasser par l'imagination tout ce que j'ai découvert: à savoir, par le moyen d'une réduction des choses aux causes; lesquelles toutes réduites finalement à une seule, il est clair qu'il n'est nul besoin de la mémoire pour toutes les sciences. Car, qui comprendra les causes, reformera facilement en son cerveau, par l'impression de la cause, des fantômes tout à fait effacés. Tel est le véritable art de la mémoire, tout à fait opposé à l'art de cet imbécile: non que son art soit sans effet, mais il envahit tout le papier qu'il faudrait employer mieux et il ne s'établit pas dans le bon ordre; lequel ordre consiste en ce que les images soient formées selon des rapports de dépendance réciproque. Quant à lui, il omet précisément, je ne sais s'il le fait exprès, ce qui est la clé de tout le mystère» (*Cogitationes Privatae*, 1619-1621; cité par Yates, p. 400). Descartes pense qu'une meilleure méthode serait de réunir les images «toutes ensemble en une seule image» et semble défendre ainsi des méthodes déjà proposées par Quintilien et Pierre de la Ramée, basée sur l'organisation logique, catégories et hiérarchies, qui est nous l'avons vu très efficace (voir 1re partie).

La critique de Descartes révèle certainement la raison pour laquelle les traditions de l'Art de la mémoire vont être rejetées de l'Université et du monde scientifique. Les mnémonistes, comme Schenkel, défendent des méthodes qui ne servent qu'à mémoriser des listes de mots sans liens entre eux, et ne permettent absolument pas d'apprendre le savoir nouveau qui s'édifie, en physique, en mathématique, etc. Dès lors, les préceptes de l'Art de la mémoire se conserveront comme une tradition para-scientifique qui sera transmise par des gens qui en font le commerce et qui sont plus des mnémonistes professionnels que des pédagogues.

2. Qui est l'inventeur du code chiffre-lettre?

Jusqu'au XVIIe siècle, l'art de la mémoire est nettement marqué par l'emploi des images, notamment la méthode des lieux dont les variantes pullulent. Au XVIIIe siècle, le déclin des images s'amorce et le langage reprend tous ses droits.

Claude Buffier, jésuite, présente une nouvelle méthode dans sa *Pratique de la mémoire artificielle* (Paris, 1705-1706). Cette méthode consiste à enseigner l'histoire par des vers rimés qui résument certains hauts faits historiques. Voici comme exemple, quelques vers relatifs au fait marquant du règne des premiers rois de France avec la date correspondante :

420 Ses Loix en quatre cens Pharamond introduit,
428 Clodion Chévelu qu'Aetius vainquit
448 Mérové pris Paris et défit Atila
457 Childeric fut chassé, mais on le rappela
...

Cette œuvre, qui devait comporter quatre tomes, fut interdite après la parution du second par ordonnance royale, pour la raison que dans ces livres, «l'ed examinateur a laissé par inadvertance insérer des choses contraires à la vérité, préjudiciables à l'état, opposées aux maximes du Royaume, aussi bien qu'à l'ancienne doctrine du clergé».

Buffier ne fit pas école avec sa méthode, mais nous allons retrouver sa technique qui consiste à associer des faits historiques marquants à des dates.

La grande méthode, celle qui va dominer les procédés mnémotechniques du XIXe siècle, à l'instar de la méthode des lieux pour l'Antiquité et la Renaissance, est une technique tout à fait nouvelle, non basée sur l'image. Cette technique a pour objet la mémorisation des chiffres et a pour principe que les mots sont plus faciles à mémoriser que les nombres. Ainsi, la technique consiste à transformer, à coder chaque chiffre en une lettre, puis à essayer de former des mots faciles à apprendre et liés d'une certaine façon au nombre à retenir. Avant de donner des exemples pour illustrer l'emploi de cette méthode, je parlerai de son mystérieux inventeur.

Les auteurs de manuels de mnémotechnie du XIXe siècle faisaient facilement des procès à leurs plagiaires mais ils étaient moins scrupuleux, pour la plupart, lorsqu'il s'agissait de citer les auteurs qui les avaient inspirés, ou qu'ils avaient copiés. De la sorte, il est difficile de retrouver la «généalogie» d'une technique comme celle du code chiffre-lettre. Si l'on en croit Middleton, auteur d'un livre qui contient un historique très complet sur les procédés mnémotechniques (paru à New York, en 1888), l'inventeur du code chiffre-lettre serait l'Allemand Stanislas Mink Von Venussheim dit Winckelman et son livre, intitulé *Parnassus*, aurait été publié en 1648.

Son code eut une longue descendance car il a pour principe astucieux de ne faire correspondre aux chiffres que des consonnes et non des voyelles. De la sorte, les voyelles peuvent être utilisées avec une grande souplesse comme lettres de remplissage pour constituer des mots. Voici ce code :

1	2	3	4	5	6	7	8	9	0
B	C	F	G	L	M	N	R	S	T
P	K								
W	Z								

Je ne donnerai qu'un exemple, car nous verrons que si le principe de ce code a été largement utilisé, le choix des consonnes a été amélioré par la suite. Si je me rappelle facilement que le code de Winckelman parut vers 16.. et que je désire me rappeler la fin de la date 48, je code ce nombre en consonnes soit GR et je cherche un mot qui contient ces consonnes, par exemple GueRRe; il me reste à relier ce mot clé à une phrase me rappelant à quoi correspond la date, par exemple, « Winckelman a déclaré la guerre à l'image, en publiant son code » (nous verrons dans la 3e partie si ce procédé est ou non efficace).

D'après Middleton, le célèbre mathématicien Leibnitz serait l'auteur d'une variante très proche du code de Winckelman, dans un livre conservé à la bibliothèque de Hanovre :

1	2	3	4	5	6	7	8	9	0
B	C	F	G	L	M	N	R	S	D
P	Q	V							T
W	K								
	Z								

Pourtant, si Winckelman est l'« inventeur » d'un type de code (chiffre-consonne) quelques rares auteurs (Norman, 1969; Young, 1961) attribuent l'invention du code chiffre-lettre au mathématicien français Pierre Herigone; et d'après les sources actuelles, il semble bien que Herigone soit le réel inventeur de ce fameux code, ou le plus ancien dans l'hypothèse où le code chiffre-lettre aurait fait l'objet de plusieurs inventions de la part d'auteurs qui ne se connaissaient pas.

Le code chiffre-lettre apparaît dans un court chapitre dans l'énorme *Cours de mathématique*, en plusieurs volumes, de Pierre Herigone; l'édition que j'ai consultée et qui paraît être la première, porte la date de 1644. Le chapitre s'intitule *De l'arithmétique mémoriale* et commence ainsi:

« A cause que les noms ne sont pas si difficiles à retenir que les nombres, principalement s'ils sont grands & que les noms propres nous font ressouvenir des épithètes: J'ay estimé que ce ne seroit chose inutile de faire un alphabet, par le moyen duquel on peut changer tout nombre proposé en des noms faciles à prononcer » (volume II, partie Arithmétique, p. 136). Le code proposé par Herigone est différent de celui de Winckelman non seulement par la correspondance entre chiffres et consonnes mais également parce que les chiffres correspondent également à des voyelles. Comme les applications données par Herigone se réduisent à une chronologie, je ne développe pas ce point et me contente de présenter la table de correspondance chiffre-lettre telle que Pierre Herigone la donne dans son *Cours de mathématique*.

chiffres	consonnes	voyelles ou syllabes	
1	p	a	
2	b	e	
3	c	i	
4	d	o	
5	t	u	
6	f	ar	ra
7	g	er	re
8	l	ir	ri
9	m	or	ro
0	n	ur	ru

Table de correspondance chiffre-lettre, d'après Pierre Hérigone (cours Mathématique, 1644).

Certains auteurs français (Courdavault, 1905; Germery, 1911) ne citent ni Herigone, ni Winckelman, mais un ouvrage anglais anonyme, *Memoria technica* datant de 1730; le nom de Gray est parfois cité. En fait si la première édition de *Memoria technica* est effectivement anonyme, les éditions ultérieures ont pour auteur Richard Grey (et non Gray, qui vient peut-être d'une tradition orale). Sur un exemplaire de la 6e édition, paru en 1781 (Bibliothèque Universitaire de Cambridge), le nom de Richard Grey est simplement écrit et non imprimé. En revanche, détail amusant, sur une édition plus tardive parue en 1812, le nom de Richard Grey est associé au titre de Docteur et est imprimé en gros caractères en tête de l'ouvrage, ce qui laisse supposer que l'auteur abandonna son anonymat lorsque son succès fut largement établi. Le succès de Memoria Technica est également visible à ses nombreuses améliorations par des disciples comme Watts ou Lowe.

Le code de Grey est assez complexe car il fait correspondre aux chiffres, à la fois des consonnes et des voyelles comme Herigone. En revanche, la correspondance entre chiffres et lettres n'est pas arbitraire mais justifiée par une règle. D'autre part, les applications de son code sont nombreuses et je vais en décrire quelques-unes :

	a 1 b (la 1re consonne)
(les cinq	
	e 2 d (*d*uo)
voyelles	
	i 3 t (*t*hree = trois en anglais)
dans	
	o 4 f (*f*our = quatre en anglais)
l'ordre)	
	u 5 l (L représente 50 en chiffres romains)
(a + u = 6)	au 6 s (*s*ix = six en anglais)
(o + i = 7)	oi 7 p (se*p*tem)
(*ei*ght = huit en anglais)	ei 8 k (o*k*tô = huit en grec)
(o + u = 9)	ou 9 n (*n*ine = neuf en anglais)
(la dernière voyelle)	y 0 z (la dernière consonne)

La méthode consiste à ne conserver que la ou les premières syllabes de la notion ou de l'événement à se rappeler, et à compléter par les syllabes qui représentent l'information numérique ou la date d'après le code. Par exemple, si l'on désire se rappeler que le diamètre du soleil est estimé (à cette époque) à 822.148 miles, on pourra utiliser la formule Soldi-kedafei. On notera que la composition des voyelles peut induire des erreurs de décodage, «ei» pouvant être décodé 8 ou en voyelles séparées comme 23. C'est sans doute pour cette raison que par suite les auteurs n'ont conservé que les consonnes pour coder les chiffres. Quoi qu'il en soit, la méthode est généralisable à tous les domaines de la connaissance et l'auteur fournit de nombreux exemples. Voici comment la méthode est appliquée à la mémorisation de la liste des douze César et à propos de celle-ci, comment l'auteur passe du code chiffre-lettre au plan de récupération d'un ordre :

Dans un premier temps, les formules sont construites :

1. JULIUS, −46   JULIos
2. AUGUSTUS, −25   AUGUSTel
3. TIBERIUS, 15   TIBERbu
4. CALIGULA, 38   CALIGULik
5. CLAUDIUS, 42   CLod
6. NERO, 55   NERul
7. GALBA
                    69   GALB-OTHOfou
8. OTHO
9. VITELLIUS
                    70   VIT-VESPoiz
10. VESPASIAN
11. TITUS, 79   TITpou
12. DOMITIAN, 81   DOMITka

Dans un deuxième temps, l'auteur arrange ces formules en deux vers de quatorze pieds :

JULIos AUGUSTel TIBERbu CALIGUlik CLod
NERul GALB-OTHOfou VIT-VESPoiz TITpou DOMITka.

Bien que l'utilisation des voyelles, en plus des consonnes, diminue la souplesse de l'emploi du code chiffre-lettre, nous voyons que cette technique est assez riche et s'applique (au moins en théorie) à la mémorisation de nombres et de dates, ce qui n'était pas permis par les techniques basées sur l'image. Mais si l'œuvre de Grey est intéressante de ce point de vue, un autre mnémoniste, à la charnière du XVIIIe et du XIXe siècle, va améliorer le code chiffre-lettre et s'en servir pour créer d'autres techniques de mémoire que l'on retrouvera dans tous les manuels de mnémotechnie du XIXe siècle et de nos jours encore dans quantité de livres pratiques sur la mémoire. Cet homme s'appelle Grégoire de Feinaigle.

3. Grégoire de Feinaigle

Grégoire de Feinaigle, ou peut-être Gregor von Feinaigle (écrit parfois «Fainegle»), était un mnémoniste extrêmement réputé qui propageait sa méthode grâce à des cours et conférences dans toute l'Europe. Préférant vivre de ses conférences plutôt que de droits d'auteur, moins rémunérateurs, il ne publia pas dans un traité le contenu de ses méthodes. Seuls des opuscules «publicitaires» comme sa *Notice sur la mnémonique* (1806) sont imprimés sous son nom. Heureusement, des disciples publièrent un traité à partir de notes de cours, ce qui nous permet de nous faire une idée assez complète de la nature du système de Feinaigle. J'ai trouvé deux traités de ce type: l'un en Angleterre (Bibliothèque Universitaire de Cambridge), publié en 1813 à Londres (1re édition, 1812), l'autre en France (Bibliothèque Nationale) édité par Thomas Naudin en 1800.

Le traité anglais s'intitule *Le nouvel art de la mémoire, basé sur les principes enseignés par M. Gregor von Feinaigle*. Il est présenté dans un avertissement comme la somme de quinze conférences d'après des notes de cours de l'éditeur. Cet éditeur (peut-être John Willard, écrit au crayon sur le livre) cite comme prédécesseurs de Feinaigle, Schenckel, Grataroli, Grey, mais non Winckelman. Quant au contenu du livre, c'est le même que celui du traité français.

Ce traité français s'intitule *Traité complet de mnémonique* et contient un grand nombre de techniques basées en partie sur l'imagerie et la méthode des lieux et aussi sur le code de substitution chiffre-lettre. Voici les principales techniques de ce traité :

- La méthode des lieux : au début du livre est présenté un frontispice représentant 18 maisons de dix chambres chacune, avec divers symboles. Chaque maison représente un siècle et les symboles représentent les événements-clés de l'histoire. Ce procédé est destiné à apprendre des séries d'événements de l'histoire et nous voyons qu'il s'agit d'une variante de la méthode des lieux, connue depuis l'Antiquité.

- Le code chiffre-image : cette fois c'est la technique de Porta (ou Schenckel) qui est empruntée, mais elle est généralisée aux cent premiers nombres ; voici plusieurs exemples :

    1 observatoire (analogie de forme)
    2 cygne
    3 rempart (de Troie)
    4 miroir (quatre côtés)
    5 fauteuil
    6 cor de chasse
    7 faux
    8 bois de cerf
    9 poêle
    ...
    11 échelle
    20 une oie dans un plat
    80 un calice avec une ostie
    99 un arbre avec une pomme
    100 une balance

(Remarque : dans le traité ce sont les dessins qui sont présentés et non les mots).

Jusqu'ici les techniques présentées sont donc basées sur l'emploi de l'image, méthode des lieux ou images représentant des chiffres. Les autres techniques sont verbales et non imagées :

- Le code chiffre-lettre : Qu'il ait connu le code de Grey ou non, Feinaigle utilise un code qui ressemble beaucoup à celui de Winckelman, seules les consonnes sont utilisées; mais les correspondances sont différentes:

1	2	3	4	5	6	7	8	9	0
T	N	M	R	L	D	C	V	P	S
Th			Rh			K	B	Ph	Z
						G	H	F	X
						Q			
						Ch			

Voici deux applications du code chiffre-lettre:

- *Le codage en mots*

Soit le nombre 5473297743 à apprendre. L'auteur conseille de le découper en groupes de deux chiffres et de coder chacun d'eux en lettres d'après le code présenté dans le tableau précédent; nous obtenons par exemple les groupes de lettres « l r c m, etc. » qui suggèrent les mots suivants si l'on utilise les voyelles de notre choix comme lettres de remplissage: larmes, chameau, Napoléon, coquette, ramoneur (Notons tout de suite un grave inconvénient dans cet exemple, c'est la présence d'autres consonnes de remplissage qui pourraient très bien être décodées en chiffres par erreur). Comme ces mots ne permettent pas de se rappeler l'ordre exact de tous les chiffres, l'auteur conseille d'associer chaque mot avec une image de la liste du code chiffre-image. Par exemple, on imaginera un prisonnier dans l'observatoire qui verse des larmes, un chameau se désaltérant dans une rivière où nage un cygne, Napoléon devant des remparts, une coquette se regardant dans un miroir et enfin un ramoneur dans un fauteuil.

Dans le cas d'une date, le codage est heureusement plus simple puisqu'il permet de transformer la date en un seul mot. Nous verrons combien ce procédé a été largement développé à partir d'Aimé Paris, un autre mnémoniste.

- *La formule*

Une autre façon d'utiliser le code chiffre-lettre pour coder un nombre, c'est de coder chaque chiffre en une lettre qui constituera l'initiale d'un mot et de relier chaque mot en une phrase aussi significative que possible, la formule. Par exemple, selon ce principe, le nombre 9563083169 peut être codé par la phrase-formule « Fuis loin de mes yeux, évite-moi ton odieuse présence ». On remarquera que même sur cet exemple simple, le code n'est pas sans ambiguïté puisque le 0 est codé par la liaison phonétique « z » de « mes yeux » qui n'apparaît pas graphiquement.

Jusqu'ici les techniques présentées à partir du code chiffre-lettre n'étaient pas tout à fait originales puisque Grey les avaient déjà proposées, certes avec un code encore plus compliqué. La dernière technique que je vais présenter semble être vraiment originale, et nous le verrons elle sera énormément utilisée par les autres mnémonistes; y compris par des mnémonistes contemporains français, anglais ou américains qui, soit par méconnaissance, soit pour s'attribuer le mérite d'une invention, ne citent jamais Feignaigle, leur illustre prédécesseur. Cette technique, c'est la table de rappel.

- *La table de rappel :* cette technique consiste à employer le code chiffre-lettre pour constituer des mots-clés dont chacun codera les cent premiers nombres; voici quelques exemples :

0	as	10	tison
1	tué	11	tête
2	âne	...	
3	ami	34	miroir
4	or	99	pape

L'utilisation de cette table se fait en deux temps, apprentissage par cœur de la table de rappel; puis apprentissage de chaque mot de la liste que nous devons mémoriser en liaison avec chaque mot-clé. Dans la terminologie scientifique actuelle (voir première partie), les mots-clés de la table de rappel sont des indices numéraux de récupération car non seulement ils permettent de récupérer les mots auxquels ils étaient associés, mais encore ils permettent de rappeler chaque mot en fonction de la position numérale exacte qu'il occupait dans la liste à apprendre. Imaginons par exemple, une longue liste à apprendre dont le 34ᵉ mot est « chat », nous pouvons imaginer un chat se coiffant dans un miroir. Si l'on demande quel est le 34ᵉ mot de la liste, alors, se rappelant que 34 est codé par « miroir », nous pouvons nous rappeler de l'image d'un chat que nous avions associée.

4. Les manuels de mnémotechnie

De même que le XIXᵉ siècle fut le siècle des techniques industrielles, le XIXᵉ siècle fut le siècle des techniques de la mémoire. On parlera désormais de mnémotechnie et les manuels de mnémotechnie vont succéder les uns aux autres. Bien entendu, les découvertes fondamentales ne sont pas nombreuses, et pour tout avouer, les manuels sont largement inspirés des manuels précédents et principalement des cours de Feinaigle. Les manuels de cette époque présentent donc certaines innovations, pas toujours heureuses d'ailleurs, et le plus souvent les auteurs multiplient les applications de techniques déjà connues de Feinaigle.

Je parlerai essentiellement des principaux auteurs de ce que l'on a appelé l'école française. En effet, le rayonnement des mnémonistes était, jusqu'au XIXᵉ siècle, européen et l'enseignement de Feinaigle en Angleterre fut à l'origine d'une école anglaise. Toutefois, les techniques ne diffèrent pas beaucoup, pour la simple raison que rien d'essentiel n'a été découvert depuis Feinaigle. Dans la troisième partie de ce livre, où seront examinées quelques recherches scientifiques sur les procédés mnémotechniques, j'aurai par exemple l'occasion de citer des méthodes de mnémonistes américains contemporains, en tout point comparables à certaines méthodes de Feinaigle. Ces mnémonistes américains ont sans doute été largement inspirés par la lecture des manuels de mnémonistes anglais, comme Coglan, Jackson, Gayton, Day, Brayshaw, Loisette, qui se sont eux-mêmes inspirés de Feinaigle ou de mnémonistes français, les frères Castilho pour Brayshaw et Chavauty pour Loisette.

Le principal mnémoniste français de cette époque, considéré comme le chef de file de l'école française, est Aimé Paris. Il a été professeur de musique et c'est comme des manuels de pédagogie de la mémoire que Paris présente ses ouvrages. Très admiratif de la méthode de sténographie, il présente ses techniques comme une « sténo » de la mémoire. Ce qui caractérise Aimé Paris et à sa suite, l'école française, c'est l'abandon de code imagé au profit exclusif du code verbal, notamment le code chiffre-lettre. Dans la *Mnémotechnie* (Paris, 1825), il cite néanmoins la table imagée de Feinaigle, 1 : observatoire, 2 : cygne ... 100 : balance, mais n'utilise plus la méthode des lieux. En revanche, il perfectionne le code chiffre-lettre (plus exactement code chiffre-consonne) en attribuant à chaque chiffre, un ou plusieurs sons consonantiques de même groupe phonologique (d'après les études linguistiques). De ce seul point de vue, nous pouvons constater que le système de Paris est bien construit puisqu'il correspond encore aux groupes consonantiques de la classification contemporaine (cf. tableau ci-dessous).

(d'après Aimé PARIS, 1825)	mode d'articulation	point d'articulation	(d'après BRESSON, 1972)
1 t d	occlusif	apico-dental	
2 n gn	nasal	apico-dental	
3 m	nasal	bilabial	
4 r	vibrant	apico-dental	
5 l	latéral	apico-dental	
6 ch j	fricatif	dorso-palatal	
7 k gu	occlusif	dorso-palatal	
8 f v	fricatif	labio-dental	
9 p b	occlusif	bilabial	
0 ce z	fricatif	alvéolaire	

Paris fournit également plusieurs phrases permettant de se rappeler ce code, par exemple cette petite phrase que nous verrons dans tous les manuels, y compris ceux qui sont édités actuellement (ex. R. de St-Laurent, 1968) : « sot tu nous mens, rends les chants que fit Pan ». Aimé Paris réalise le même travail d'amélioration sur les tables de rappel dont il multiplie le nombre ainsi que les exemples et les domaines d'application.

Les frères Castilho (José Féliciano et Alexandre Magno) copient franchement l'essentiel de l'ouvrage de Paris (ils l'avouent d'ailleurs sans fausse honte ... mais seulement à la fin de l'ouvrage) en ajoutant néanmoins quelques exemples qui leur sont originaux. Parmi ces derniers, il en est un qui mérite d'être cité, car il est la caricature du procédé mnémotechnique, et conduit à surcharger la mémoire plutôt qu'à la soulager. Dans leur *Traité de mnémotechnie* (1835), les auteurs développent une idée déjà proposée par Feinaigle qui consiste à imaginer des phrases dont certains mots-clés codent le nom de chaque roi de France et dont certains autres mots codent les dates de leur avènement au trône ainsi que certains faits marquants de leur règne, ou diverses informations les concernant. La construction de ces phrases pour les 75 rois de France, de Pharamond à Louis-Philippe, aboutit à un tableau gigantesque qu'il m'est impossible de reproduire. Voici quelques exemples avec les explications nécessaires: « Le roi nous a fait *don* d'un *phare*; pour le voir aux bords de l'eau *salée*, amis, *réunissons-nous* ».

Il y a dans cette phrase, cinq mots-clés: *don* signifie 1 d'après le code chiffre-lettre, ce qui veut dire que la phrase concerne le premier roi, *phare* code le nom de ce premier roi qui s'appelle Pharamond, *salée* se réfère à la promulgation de la loi salique, *réunissons* code (r = 4, n = 2, s = 0) le nombre 420 qui est la date de l'avènement, et enfin, *nous* code par liaison phonétique le genre de mort, naturelle.

« *Néron*, plus féroce qu'une *chatte*, avait une *grande rosse lombarde* qui convenait moins à un *empereur* qu'à un *chiffonnier* ». Il y a dans cet exemple, huit « mots »-clé: *Néron* (n = 2, r = 4) désigne le 24e roi (qui en l'occurrence est un empereur); *chatte* code Charles et *grande* code grand, nous avons donc affaire à Charles le Grand dit Charlemagne; *rosse* désigne la bataille de Roncevaux et *lombarde* désigne le royaume des Lombards; *empereur* rappelle (sans doute pour l'écolier vraiment très distrait) que Charlemagne fut couronné empereur; cette fois, la date d'avènement n'est pas codée par un seul mot mais par le groupe *qu'à un chiffon* ... qui correspond à 768 (k ch f). La fin du mot *nier* code le « n » de la mort naturelle.

« Que de fois, pendant que nous nous reposons mollement sur le *gazon*, on impose *la tâche* la plus difficile à un *général national*, et on lui *assigne* l'obligation de piller un *temple*, de prendre une *bastille* et de rendre un *conquérant coi* ». Il y a ici dix mots-clés : *Gazon* code 70, *la* désigne Louis et *tâche* code 16, le 70ᵉ roi est donc Louis XVI ; *général national, assigne* et *temple* rappellent respectivement les états généraux, la création des assignats et l'emprisonnement au temple et enfin *bastille* rappelle la prise de la Bastille ; *conquérant* code 774, ce qui signifie que la date d'avènement au trône est 1774 (le 1 n'est pas codé car les auteurs estiment que cette information est aisément rappelable, ce qui ne semble pas être le cas d'après eux pour la prise de la Bastille ...) ; enfin, *coi* représente le groupe consonantique k-gu qui désigne la mort par guillotine.

S'il n'est pas exclu a priori que le code chiffre-lettre ou la table de rappel puissent occasionnellement être utiles, l'application que je viens de décrire présentent de graves inconvénients, parmi lesquels :

- une surcharge de la mémoire puisque de nombreuses informations inutiles viennent s'ajouter aux mots-clés pour former des phrases sans signification ;

- il est nécessaire de se rappeler quels sont les mots-clés parmi un grand nombre de mots et ensuite quels mots-clés codent un chiffre et lesquels codent un fait. Par exemple, dans la dernière phrase, si l'on croit que le premier mot-clé est « que de » on décodera 71, si l'on pense que c'est « pendant » on décodera 91, etc. ;

- citons une dernière critique, déjà faite par Germery (1911) ; dans le rappel de phrases ou de textes, un type d'erreur fréquent est la substitution de synonymes aux mots originaux, or avec ce genre de procédé, un synonyme code le plus souvent une date ou un nombre différent, par exemple si « vainqueur » est rappelé à la place de « conquérant », on décodera 874 au lieu de 774.

En conclusion ce genre de méthode est certainement très mauvais sur le plan pédagogique car il substitue des textes faiblement significatifs à l'acquisition d'arrangements logiques entre les faits historiques. Pour ce qui est des dates, il est vraisemblablement plus utile de se souvenir directement de quelques dates « repères » plutôt que de se souvenir de mots codes; ainsi, si j'hésite entre « vainqueur » et « conquérant » c'est en fait 1789 et la prise de la Bastille qui me sert de repère et me guide pour situer la période de règne de Louis XVI; en revanche si j'opte par erreur pour « vainqueur » je ferais une erreur d'un siècle ...

Pour de nombreux auteurs (Courdavault, 1905, etc.), l'abbé Moigno fait figure d'« illustre témoin ». Il raconte lui-même que José de Castilho lui révéla ses secrets et qu'en quelques mois, il apprend « cinq cents faits mémorables de l'histoire universelle; la liste des rois de France avec leur surnom, la date de leur avènement au trône, les faits saillants de leur règne, la date et le genre de leur mort », etc. Bien que Moigno s'en défende, il semble qu'il faille des dispositions extraordinaires pour utiliser la méthode décrite ci-dessus.

Dans son *Manuel de mnémotechnie* (1879), il reprend les techniques de Paris, le tableau des frères Castilho et généralise ce dernier aux papes, conciles, rois d'Angleterre, etc. Amateur de joute mnémonique, il aimait parader dans les salons et se mesurer au célèbre astronome Arago; « Un jour, comme pour prendre sa revanche, Arago se vanta de savoir par cœur les 16 premiers chiffres du rapport de la circonférence au diamètre, et il se mit à les énumérer. Que vous êtes mal tombé, Maître, m'écriai-je. Je sais le rapport de la circonférence au 60e, avec 128 décimales ... » (préface, p. IV).

Afin de réaliser cette « prouesse », Moigno a appris une formule de 13 lignes, construite à partir du code chiffre-lettre.

1. Maint terrier de lapins ne gèlent.
   3   14   1   59   2 6 5

2. Ma loi veut bien; combats mieux; ne méfaits.
   3 5 8   9   7 9   3   2 3 8

3. Riants jeunes gens, remuez moins vos mines.
   4   6 2 6   4 3   3   8 3 2

4. Qu'un bon lacet nous fit voir à deux pas.
   7   9   50 2   8   8 4 1   9

5. Que ton jabot moins bombé m'écoule.
   7   1   69 3   9   9 3   7 5

6. Ton soliveau ne s'est pas corrompu.
   1   0 5 8   2   0   9   7 4 9

7. Rends roulant bien nos mises convoitées.
   4   4 5   9   2   3 0   7 8 1

8. Cher à ses gens, ni facheux ni sans foi.
   6   4 0 6   2   8 6   2 0   8

9. Beaux biens viagers nos voisins m'ont ravi.
   9   9   8 6   2   8 0   3   4 8

10. Nous l'aimerons ne tendant qu'à sa joie.
    2   5 3 4   2   1 1   7   0 6

11. Combien venus dérivent sans jalons.
    7 9   8 2   1 4 8   0   6 5

12. Là témoigne vainement sans changer.
    5 1 3 2   8 2 3   0   6   6

13. Air qui sait bien me faire enrager.
    4 7 0   9   3 8 4   4 6

L'acquisition de ces lignes n'est pas suffisante, il reste à les associer à leur numéro d'ordre afin de ne pas oublier une ligne et éventuellement de commencer le décodage au dixième, au quarantième chiffre, etc. La première ligne comporte 9 chiffres et les suivantes (sauf la dernière) comportent 10 chiffres, ce qui fait que chaque ligne débute selon un multiple de dix. Il faut donc associer chaque début de ligne avec un mot qui code le numéro de la ligne : par exemple, sachant que « ton » code le numéro 1 (t = 1), on peut associer « ton » et « terrier » avec la phrase « ton château n'est pas un terrier de lapin ». Ceci évidemment rends beaucoup plus complexe la formule mais ce ne sera pas une peine perdue, selon un défenseur de cette méthode, Raymond de St-Laurent : « trouvez (nous dit-il) quelque ancien élève de Polytechnique ou un professeur de mathématiques. Dites-lui que vous allez réciter le nombre Pi avec 127 décimales. Tendez-lui le papier sur lequel vous avez inscrit vos chiffres ; car il est infiniment probable qu'il n'a jamais pu retenir une telle énumération. L'effet sera foudroyant, votre interlocuteur en restera pantois » (1968, p. 145). Il reste sans doute au disciple, à espérer que le professeur ne lui demandera pas de résoudre quelque intégrale ou d'analyser quelque fonction. Mais laissons notre disciple se débrouiller et revenons aux maîtres ...

Guyot-Daubès, dans son livre *L'art d'aider la mémoire* (1889), se fait le spécialiste des procédés basés sur les rimes et surtout des phrases-clés ou des phrases « cabalistiques ».

Ainsi, les sept couleurs de l'arc-en-ciel donnent, par composition des initiales, VIBUJOR, soit violet, indigo, bleu, vert (v = u dans l'alphabet romain et par extension dans certaines méthodes), jaune, orange, rouge.

On peut également utiliser les débuts de mots comme dans cet exemple sur l'ordre ancien des astres : sajuma sove merlu permet de rappeler : saturne, jupiter, mars, soleil, vénus, mercure, lune.

Guyot-Daubès remarque justement que ce procédé est utilisé dans l'acrostiche, poème dans lequel les initiales de chaque mot qui débute un vers, forment un mot, comme dans Laure, poème sur l'amie de Pétrarque :

Le ciel qui la sauva de son propre penchant
A la beauté du corps unit celle de l'âme
Un seul de ses regards, par un pouvoir touchant,

Rendait à la vertu le cœur de son amant,
Elle embellit l'amour en épurant sa flamme.

De même le rythme et la rime sont utilisés dans certaines formules :

Le carré de l'hypothénuse
est égal, si je ne m'abuse
à ceux que l'on aura fait
sur les deux autres côtés

L'auteur note également que les comptines sont basées sur les mêmes principes :

Une, deux, trois
Marie va au bois
...
Dix-neuf, vingt
Marie en revient.

De tous les manuels que j'ai lus, celui de Guyot-Daubès est le plus vivant car il fait le lien entre les techniques de la mémoire et les trucs que l'on emploie dans la vie courante et qui aident la mémoire bien qu'ils ne bénéficient pas du statut de procédés mnémotechniques. L'auteur cite même avec raison les jeux de mots et les calembours comme moyens mnémotechniques. Ainsi, pour rappeler que le département du Tarn (en France) a pour chef-lieu la ville d'Albi, l'auteur suggère le calembour suivant :

Albi-toi ma fille, il se fait Tarn

qui présente une similitude de sons avec la phrase :

Habille-toi ma fille, il se fait tard.

Avec l'abbé Chavauty et après lui, il ne semble pas y avoir d'innovations particulières. Chavauty publie en 1894 *L'art d'apprendre et de se souvenir* où l'on retrouve les procédés de Paris, Moigno, etc. Néanmoins, Chavauty se prétend original au point qu'il intente un procès à Loisette (qui se nomme «professeur Loisette»). Avec près d'un siècle de recul, les ressemblances entre les auteurs frappent plus le lecteur que leurs différences, et il est difficile d'admettre l'animosité de Chavauty à l'égard de l'Anglais Loisette. En effet, Loisette dans son *Assimilative memory* paru à New York en 1896 reprend le code de substitution chiffre-lettre sans citer personne, mais c'est à Aimé Paris qu'il le « vole » et non à Chavauty ... Loisette n'est pas très intéressant en tant que plagiaire, car de nombreux auteurs de cette époque le sont, mais Loisette est intéressant car il a sans doute joué le rôle d'une charnière entre l'école française et les mnémonistes américains contemporains. Nous verrons en effet dans la troisième partie que le code chiffre-lettre employé par les Américains (y compris dans la méthode Carnegie) est celui d'Aimé Paris et non celui de Feinaigle.

Dans son livre, Loisette utilise également des procédés associatifs. Par exemple, il propose d'apprendre la liste des présidents des Etats-Unis en soulignant dans chaque paire de noms consécutifs, deux syllabes phonétiquement similaires :

Georges WASHING*TON*
John ADAMS
Thomas JEFFER*SON*
James MADI*SON*, etc.

Cette technique est sans doute inspirée des dictionnaires latin et allemand de l'abbé Moigno, dont les méthodes sont également reprises par Courdavault dans sa *Glossotechnie*. Voici quelques exemples cités par Germery (1911) :

Pour se rappeler que « tree » (prononcer tri) signifie en anglais « arbre » on utilisera les associations médiates « bois, charpenterie »; pour se rappeler que le mot latin « abdo » signifie « je cache », on pourra retenir la phrase « à bedeau dans l'église rien n'est caché ».

Nous utilisons le même procédé lorsque nous disons qu'une stalagmite monte et qu'une stalactite tombe, afin de se rappeler des significations respectives de chacun de ces termes.

Il faut attendre Germery (1911) pour lire, dans son livre *La mémoire*, une synthèse critique des procédés qu'il dénomme comme dans l'Antiquité « les procédés artificiels » et qu'il oppose aux éléments de la mémoire naturelle. S'appuyant sur les travaux des scientifiques en histoire, botanique, psychologie expérimentale, etc., il insiste sur l'importance de l'attention, le schéma, le tableau synoptique, l'association des idées. Quant aux procédés artificiels, l'auteur se montre très réservé. Notamment, il s'appuie sur une recherche de Binet et Henri (1894), sur la mémoire des phrases, afin de critiquer la méthode qui consiste à coder des nombres en mots et à les intégrer dans des phrases peu significatives. Ces phrases risquent d'être très altérées au rappel (synonymes, omissions, intrusions ...) et par conséquent d'induire, après le décodage, des nombres erronés.

Cette prudence se retrouve dans certains livres plus récents (Chauchard, 1968) ou ne se retrouve pas, comme par exemple dans le livre *La mémoire* de St-Laurent (1968) qui est pourtant un plagiat quasi total du livre de Germery, le commerce a ses raisons que la science ignore ...

Conclusion
Ce que les « alchimistes » de la mémoire avaient découvert

L'héritage que nous lèguent les « alchimistes » de la mémoire apparaît important à la lumière des travaux scientifiques contemporains, qui nous permettent de séparer le vrai du faux : les procédés efficaces des pratiques magiques et de la poudre aux yeux lancée par des commerçants habiles.

Des auteurs de l'Antiquité, nous avons appris que l'image visuelle était une aide efficace pour la mémorisation, bien que cette utilité soit limitée aux mots concrets (Quintilien). Ces auteurs avaient également une idée intuitive de la capacité limitée de la mémoire si l'on se base sur le conseil de marquer les lieux ou un discours, tous les cinq éléments (*Rhétorique à Herennius*). On trouve également indiqué le rôle des indices de récupération sous forme de symboles figuratifs, comme le glaive qui permet de rappeler la partie d'un discours traitant de la guerre, ou une ancre rappelant les questions maritimes. Enfin, la nécessité de relier les indices entre eux selon une chaîne, un plan, est indiquée par l'usage de la méthode des lieux qui reste la grande invention des auteurs de l'Antiquité. Le rôle puissant de la logique n'est pas souligné par tous mais il est rappelé par Quintilien.

La Renaissance fut une période très riche du point de vue des systèmes de la mémoire, même si ceux-ci ne sont en fait que des variantes complexes des procédés de l'Antiquité. Camillo invente un gigantesque théâtre qui fournit des lieux organisés autour du nombre magique 7. Giordano Bruno invente des systèmes d'une complexité « démoniaque » mais dont certains préfigurent les systèmes de classification pyramidale de beaucoup de nos organigrammes. Débarrassant ces systèmes de leurs oripeaux, Pierre de la Ramée ne retient que les systèmes basés sur l'organisation pyramidale.

Les XVIIe et XVIIIe siècles sont caractérisés par l'apparition d'un procédé nouveau destiné à mémoriser des nombres. Partant du principe que les images et les mots sont plus faciles à apprendre que les nombres, le code chiffre-image d'abord, puis le code chiffre-lettre sont inventés.

A partir de Grégoire de Feinaigle (vers 1800) et pendant tout le XIXe siècle le code chiffre-lettre connaît un succès considérable chez les mnémonistes et il sert de base à de nombreux procédés dont la table de rappel est la forme la plus achevée. Grâce au code chiffre-lettre, les nombres de 1 à 100 sont codés sous forme de mots qui servent à repérer la position numérale d'un mot nouveau dans une liste à apprendre. Comme un schéma vaut mieux qu'un long discours, j'ai indiqué dans le tableau 3, la « généalogie » des codes chiffre-image, chiffre-lettre et de la table de rappel. De nombreux auteurs ont plagiés, n'apportant souvent qu'une nouvelle application. Je ne cite d'ailleurs que les auteurs qui m'ont paru les plus importants, mais durant le XIXe siècle, de nombreux autres manuels basés sur les mêmes procédés sont parus, par exemple Audibert (1839), Parent-Voisin (1847) très inspiré par les frères Castilho bien qu'il ne les cite pas, et Demangeau (1841) qui se croit très original en réintroduisant les voyelles dans le code chiffre-consonne (Feinaigle-Paris), ignorant que Pierre Herigone avait déjà inventé ce procédé deux siècles plus tôt ...

La mésaventure de Demangeau est révélatrice de la méthode de travail de la plupart des mnémonistes, notamment du XIXe siècle. Contrairement aux scientifiques qui se font une règle de citer leurs prédécesseurs, beaucoup d'auteurs de livres

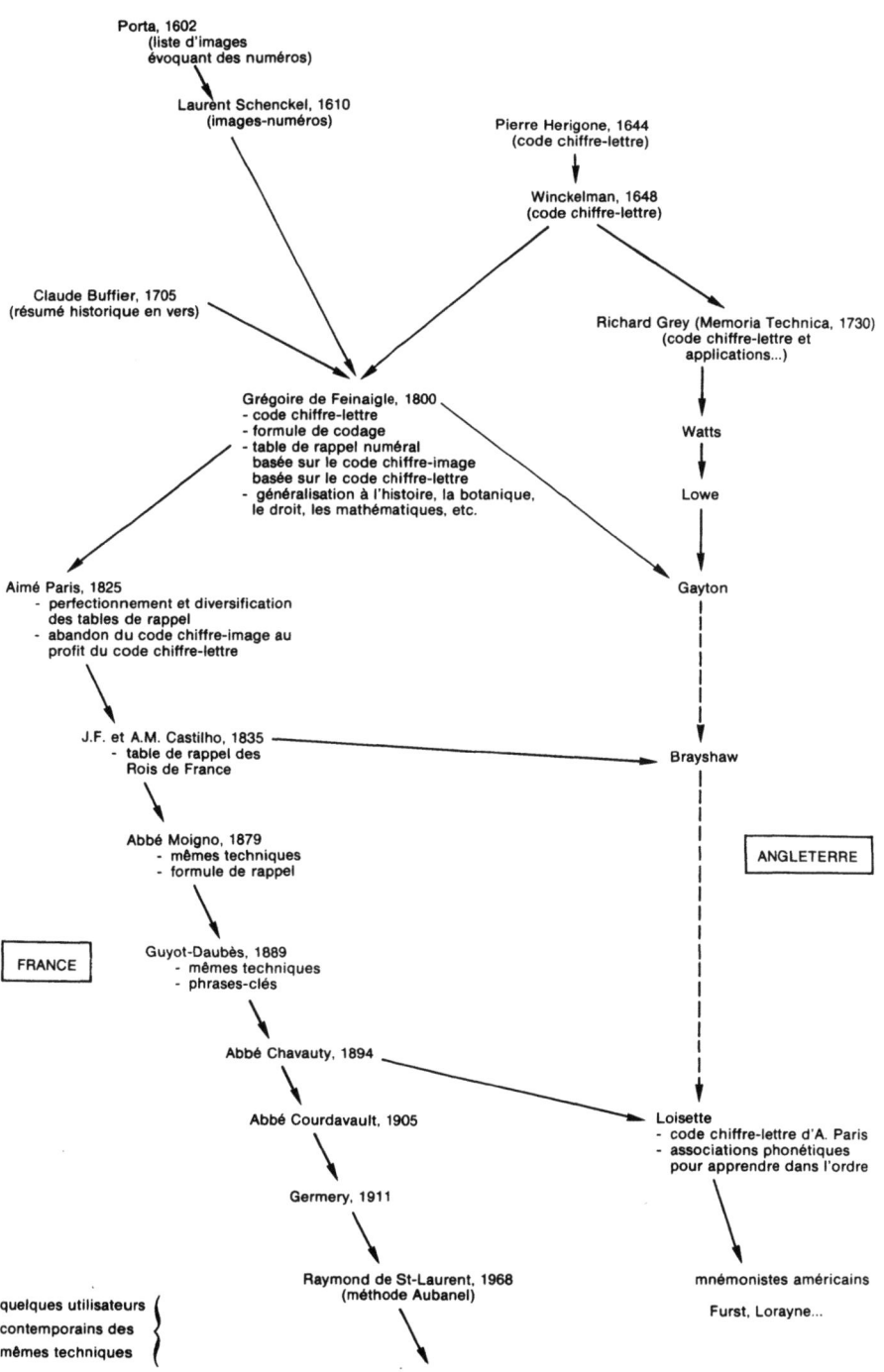

Tableau 3. « Généalogie » des codes chiffre-image et chiffre-lettre, et de la table de rappel numéral.

sur la mnénotechnie copient sans vergogne des auteurs sans les citer. Et en faisant les recherches qui m'ont conduit à cette « généalogie », je ne me doutais absolument pas que les procédés contenus dans les livres contemporains ou la table de rappel des mnémonistes américains, avaient une si longue histoire. Cette histoire doit inciter à la plus grande prudence face à toute publicité vantant les mérites d'une nouvelle technique de la mémoire, rien d'essentiellement nouveau n'a été trouvé (en mnémotechnie) depuis Grégoire de Feinaigle.

Troisième partie
L'ETUDE SCIENTIFIQUE DES PROCEDES MNEMOTECHNIQUES

En fonction des recherches scientifiques sur les mécanismes psychologiques de la mémoire, on peut montrer que les procédés mnémotechniques qui sont efficaces le sont parce qu'ils sont basés sur des mécanismes naturels de la mémoire. Le but de la première partie était d'exposer quelques aspects fondamentaux du fonctionnement de la mémoire et en fonction de ce qui a été dit, je vais classer les procédés mnémotechniques en trois grandes catégories : les codes, les indices de rappel (ou plus techniquement « indices de récupération ») et les plans de rappel (ou plans de récupération).

Un code est un ensemble de signes que l'on peut substituer à d'autres signes. Tout le monde connaît le code morse. Pour faciliter la mémorisation, on peut par exemple transformer des chiffres d'un numéro en lettres de façon à former un mot facile à apprendre.

Un indice est un élément qui permet de récupérer de la mémoire, ce que l'on désire rappeler : ainsi, une abréviation sur un agenda peut permettre de rappeler un rendez-vous, un mot-clé ou une photographie peuvent aider à rappeler un souvenir.

Lorsqu'on doit mémoriser une séquence d'informations, par exemple, un long numéro, une liste de mots, un texte, un seul indice ne suffit pas en général. Retenir beaucoup d'indices est également difficile. Dans ce cas, il faut établir un plan de rappel qui établira un lien entre tous les éléments à rappeler. La phrase-clé est un bon exemple de plan de rappel : par exemple « Mais où donc est Ornicar » permet de rappeler les conjonctions de coordination « mais, ou, donc, et, or, ni, car ».

Les principaux procédés mnémotechniques peuvent être classés selon le schéma suivant :

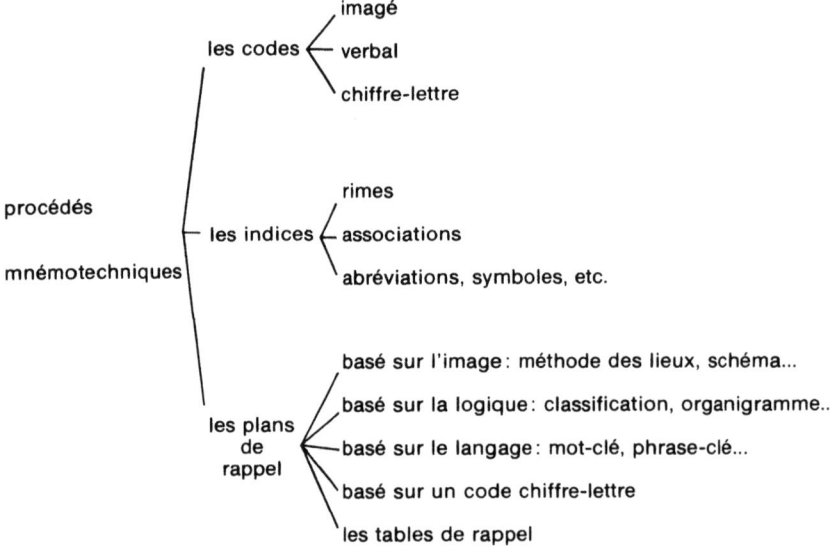

Certains procédés sont assez difficiles à classer dans la mesure où ils sont basés sur plusieurs mécanismes de la mémoire et non un seul. Par exemple, les procédés utilisant le code chiffre-lettre aboutissent en général à la constitution de mots-clés. Un schéma peut être à la fois figuratif et logique. Mais il s'agit dans ces exemples de « raffinements » et j'ai pris le parti de classer un procédé en fonction du mécanisme qui me paraît le plus caractéristique.

Chapitre VI
Les codes

C'est Georges Miller qui, en 1956, dans un article intitulé « Le nombre magique 7 », a attiré l'attention sur le processus de codage dans la mémorisation. Il en a démontré le mécanisme à partir d'une expérience spectaculaire réalisée par Smith. Smith était parti du principe que l'on pourrait mémoriser une longue séquence de chiffres 1 et 0, en codant ces chiffres binaires en chiffres décimaux. Il apprit donc par cœur la correspondance entre code binaire et code décimal, dont quelques exemples sont reproduits ci-dessous :

code décimal	code binaire
0	0
1	1
2	10
3	11
4	100
5	101
6	110
7	111
8	1000
9	1001
10	1010
11	1011
12	1100
...	

Au cours de l'expérience, Smith se faisait dicter par un collaborateur une longue séquence de chiffres binaires, comme par exemple : 1011001110100011...

Smith, qui avait une bonne mémoire, était capable de rappeler 12 chiffres binaires dans l'ordre. Dans une seconde phase de l'expérience, Smith opérait mentalement des groupes dans les chiffres lus par son collègue; par exemple, si je reprends pour plus de simplicité toujours la même séquence-exemple, Smith faisait les groupes 10 11 00 11, etc. Puis il codait mentalement ces groupes en chiffres décimaux en fonction du code qu'il connaissait parfaitement, ce qui donne $10 = 2$, $11 = 3$, $00 = 0$, etc. Comme Smith était capable de mémoriser en une seule fois 12 chiffres, il était capable de retenir 12 chiffres décimaux, ce qui donne après décodage 24 chiffres binaires.

Dans une autre phase de l'expérience, Smith opérait des groupes de 3 chiffres binaires, ce qui lui permettait après décodage de rappeler 36 chiffres binaires (12×3). Toutefois, ce code a ses limites car des groupes de 4 chiffres binaires ne peuvent pas toujours être codés en un seul chiffre décimal, mais en deux chiffres (10, 11, 12, 13, etc.); puisqu'un groupe de 4 chiffres binaires peut être codé le plus souvent en un nombre de 2 chiffres décimaux, l'efficacité du code n'est plus ici que du simple au double, et non du simple au quadruple.

Quoi qu'il en soit, avec un rappel d'une quarantaine de chiffres binaires, Smith a amplement fait la démonstration de l'efficacité d'un code dans la mémorisation.

L'originalité de Georges Miller a consisté à ne pas seulement voir l'expérience de Smith comme une curieuse anecdote mais comme la mise en évidence d'un mécanisme prototype de la mémorisation. Ainsi, pour Miller toute activité de mémorisation n'est efficace que si elle met en œuvre des groupements et des codes pour réduire le nombre d'éléments à retenir. Pour lui, les mots sont des symboles qui groupent des lettres ou des sons, les images et les phrases sont des symboles de niveau supérieur qui codent des groupes de mots, enfin les idées sont probablement les symboles les plus complexes de notre mémoire, elles permettent de coder plusieurs images, plusieurs phrases.

A la suite de Miller, de nombreux chercheurs ont mis à l'épreuve les hypothèses de Miller et ont mis en évidence l'efficacité de certains codes.

1. Le code verbal

Jusque vers 1960, les psychologues étudiaient les lois de l'apprentissage et de l'oubli, en utilisant fréquemment des séquences de lettres, appelées syllabes sans signification, XEF, HAB, etc. En interrogeant les sujets sur les procédés employés par eux pour apprendre, Bugelski (1962) constata que les sujets essayaient de transformer les séquences de lettres en mots ou petites phrases; ainsi par exemple, DUP-TEZ devenait DEPUTIZE (en anglais: député), et CEZ-MUN devenait SAYS MAN (dit à l'homme). Par la suite, certains chercheurs comme Lindley (1963, etc.) démontrèrent plus nettement l'efficacité du code lettres-mot en ne donnant à apprendre que les séquences de lettres à un groupe de sujets tandis qu'à un autre groupe on fournissait en plus un mot qui permettait d'intégrer les lettres. Par exemple, on donnait NATION pour mémoriser ATI ou CAGE pour mémoriser CAG. Le codage en un mot s'est révélé être très efficace comme on le supposait.

Dans la vie courante, le code verbal est fréquemment utilisé pour apprendre des sigles ou même est pris en compte avant de fabriquer le sigle de façon à ce que la séquence d'initiales forme un mot ou un groupe de syllabes faciles à prononcer, comme dans BENELUX ou LASER.

Mais le processus de codage ne présente pas que des avantages. Lorsque le mot-code n'intègre pas parfaitement la syllabe, des erreurs peuvent se glisser au rappel et provoquer ainsi l'oubli de l'information correcte. Dans une expérience réalisée sur ce problème par Florès (1964) de l'Université de Nice, la syllabe est soit parfaitement intégrable, comme FIC dans DIFFICULTE, ou imparfaitement intégrable, comme ZEN dans XENOPHOBE. Le score de reconnaissance des syllabes intégrables est double du score de reconnaissance des syllabes imparfaitement intégrables. Le résultat de cette expérience doit rester présent à l'esprit lorsque nous utilisons un procédé mnémotechnique, car chaque fois qu'il y a conflit entre l'information à mémoriser et les indices ou mots-clés utilisés, le procédé peut conduire à des erreurs de rappel.

Enfin, d'autres auteurs (Underwood et Erlebacher, 1965; Mueller, Edmons et Evans, 1967) ont montré que plus le nombre de règles de décodage est grand et moins le décodage est efficace. Ainsi, il est plus facile de rappeler des anagrammes produites à partir de la permutation des deux premières lettres que des anagrammes construites en permuttant des lettres de différentes parties des mots.

Lorsque l'information à mémoriser est une suite de mots, il faut cette fois-ci les coder en phrase pour réaliser une économie en mémoire. Le cas le plus simple est celui d'un couple de mots. Olton (1969) fait apprendre des couples de mots peu liés entre eux de façon naturelle, comme VACHE-BALLE. Ces couples sont présentés tels quels dans un groupe contrôle de sujets alors que dans le groupe « code », les deux mots sont intégrés dans une phrase qui permet de les lier sémantiquement. Les résultats montrent que le code est très efficace et que dans cette condition, les couples de mots sont beaucoup mieux rappelés.

Des psychologues ont montré que l'intégration en une phrase était efficace parce qu'elle permettait un « chemin associatif » entre les deux mots grâce à un intermédiaire que l'on appelle le médiateur. Ce mécanisme est bien démontré dans l'expérience de Garten et Blick (1974). Des couples tels que MICROSCOPE-BACTERIE sont à mémoriser dans trois groupes: un groupe contrôle dont les sujets doivent simplement répéter les mots, un groupe « phrase » à qui l'on présente les mots dans une phrase, « le scientifique utilise un MICROSCOPE pour étudier la BACTERIE », et un groupe « médiation » ou chaque couple est présenté avec un médiateur, « MICROSCOPE-laboratoire-BACTERIE ». Les pourcentages de rappel montrent que l'intégration en une phrase et la médiation sont plus efficaces que la répétition simple (tableau 4) mais ces deux procédés ont la même efficacité, même après huit semaines. Ce résultat semble montrer que la phrase n'est utile que pour fournir un médiateur qui « ouvre » un chemin associatif dans la mémoire entre les mots à apprendre. Une conclusion pratique de cette expérience, c'est qu'il vaut mieux rechercher l'économie lorsqu'un procédé est utilisé, un seul mot médiateur peut être aussi efficace et constitue une surcharge moindre que plusieurs mots d'une phrase.

	Délais de rappel		
	2 jours	1 semaine	8 semaines
phrase	76 %	75 %	55 %
médiation	72 %	75 %	54 %
répétition	56 %	55 %	38 %

Tableau 4
Pourcentage de mots rappelés en utilisant comme procédé, la phrase ou la médiation d'un autre mot, par rapport à la simple répétition (d'après Garten et Blick, 1974).

Mais la médiation n'est pas seulement verbale, elle peut également être imagée. A ce sujet il faut établir une distinction entre code et médiation, bien que pratiquement les deux termes peuvent être équivalents. Si je transforme un mot en image pour l'apprendre, le code imagé est utilisé; si j'ajoute des éléments figuratifs dans l'image qui permet de coder deux mots, je parlerai plutôt de médiation imagée, mais il a fallu que j'utilise quand même le code imagé.

2. Le code imagé

Les conseils d'utiliser les images pour faciliter la mémoire remontent, nous l'avons vu, à l'Antiquité. Pour des raisons diverses, « compromission » de l'imagerie avec la magie, difficultés d'étudier expérimentalement l'image mentale, etc., le rôle de l'image dans la mémoire n'a été étudié systématiquement que depuis les années 60.

Les premières études scientifiques — en France, Ducharme et Fraisse (1965) et Denis (1979); en Amérique du Nord, Paivio (1965), Wood (1967) — ont confirmé les idées des anciens : l'image est efficace. On montre par exemple que des dessins d'objets communs (cigare, horloge, serpent) sont mieux rappelés (par leur nom) ou mieux reconnus que les mots eux-mêmes. De plus, si l'on présente les mots en demandant aux sujets d'imaginer l'image correspondante, le rappel est meilleur que dans la condition où seuls les mots sont présentés; l'imagination des mots est aussi efficace que la présentation des dessins.

Les Anciens pensaient que l'image était supérieure au mot car, disaient-ils, de tous les sens, la vue est le plus fort. Les chercheurs ne se sont pas contentés de cette explication et ont émis deux autres hypothèses. D'après l'hypothèse du double codage, défendue par Fraisse et Paivio, le dessin est supérieur au mot, car on verbalise spontanément un dessin en dénommant l'objet qu'il représente (en voyant un ours, on le dénomme mentalement avec le mot « ours »), tandis que le mot n'est pas spontanément codé en image. De la sorte, lorsqu'un dessin est présenté, il est codé à la fois de manière imagée et verbalement, c'est le double codage; le mot n'est codé que verbalement. Le double codage permet de stocker plus d'informations en mémoire et permet donc un rappel meilleur. L'autre hypothèse, défendue par Bower (1970), est surtout valable dans les cas où il faut apprendre des groupes de mots, par exemple des couples de mots, c'est l'hypothèse du codage d'intégration. Dans ce cas, l'activité d'imagerie est supposée produire une unité de stockage, elle permet en quelque sorte de souder les mots par l'intermédiaire de l'image qui joue le rôle de médiateur.

- *Le double codage*

Une indication qui va dans le sens de l'hypothèse du double codage, c'est l'inefficacité de l'imagerie pour mémoriser les mots abstraits (Paivio, 1969), ce que Quintilien avait d'ailleurs remarqué. Ce fait a suggéré à Allan Paivio de l'Université de Western Ontario, que les mots concrets pouvaient être codés par une image en plus du code verbal tandis que les mots abstraits ne pouvaient être codés que verbalement. Je reviendrai d'ailleurs dans les conclusions pratiques sur l'inefficacité de l'imagerie pour les mots abstraits.

S'il y a un codage supplémentaire pour les mots concrets (quand on demande aux sujets d'imager), ce codage doit prendre du temps supplémentaire. En se basant sur ce raisonnement, Paivio et Csapo (1969) ont comparé la mémorisation de dessins, mots concrets et mots abstraits à deux vitesses. A la cadence rapide (environ 5 items par seconde, soit à peu près 200 millièmes de seconde par item), on suppose que les sujets n'auront pas le temps d'effectuer un codage supplémentaire même si on leur demande d'imager les mots. Dans ce cas, les résultats doivent être identiques pour les dessins, les mots concrets et les mots abstraits, ce qui se produit en effet (en rappel libre ou en reconnaissance). En revanche, dès que la cadence est plus lente (2 items par seconde, soit 1/2 seconde par item), les résultats sont conformes aux résultats habituels, le rappel des mots abstraits est inférieur à celui des mots concrets et des dessins.

La même démonstration a été faite par Paul Fraisse et Madeleine Léveillé de l'Université Paris V (1975) sur des petites phrases, ce qui se rapproche plus des situations de la vie courante. Les phrases sont par exemple, «une fille cueille une fleur», «un homme fume la pipe», «un oiseau sur un nid», et les images représentent les mêmes situations en couleur. On entraîne certains sujets au double codage, c'est-à-dire à visualiser mentalement les phrases, ou à verbaliser les dessins si ce sont les dessins qui sont présentés. Aux autres sujets, on ne dit rien de sorte qu'ils font plutôt un simple codage, verbal si les phrases sont présentées, imagé si les dessins sont présentés (dans ce cas, les sujets verbalisent toujours un peu ...). Deux cadences sont utilisées: la cadence rapide (3 secondes par item) et la cadence lente (5 secondes par item), et les résultats sont indiqués dans le tableau 5.

	Cadence rapide (3 s)		Cadence lente (5 s)	
	phrases	dessins	phrases	images
double codage	4,4	4,8	5,7	6,1
simple codage	4	4,9	4,6	5

Tableau 5. Nombre d'items évoqués en fontion de la cadence de présentation, quand il y a double codage (verbal + imagé) et quand il y a simple codage (d'après Fraisse et Léveillé, 1975).

A la cadence rapide, la vitesse est calculée pour empêcher un double codage effectif, et les résultats montrent en effet qu'il n'y a pas de différences notables entre les situations, bien qu'on ait demandé à certains sujets de faire un double codage. En revanche, à la cadence lente, les sujets parviennent fort bien à effectuer un double codage lorsque celui-ci a été demandé.

Deux conclusions importantes peuvent être tirées de ces études. La première c'est que la supériorité naturelle du dessin et de l'activité d'imagerie semble bien être due au double codage; donc en pratique lorsque l'on doit mémoriser, il vaut mieux utiliser le double codage, verbaliser les dessins, imaginer les mots et les phrases. La seconde conclusion pratique est que ce double codage n'est possible qu'à des cadences lentes, ce qui malheureusement n'est pas toujours possible, puisqu'en pratique, il faut au moins cinq secondes par item simple (une phrase de cinq mots par exemple).

Ces études scientifiques nous permettent également de confirmer que la présentation audio-visuelle est un mode de transmission de l'information qui est efficace: c'est l'application du double codage, dont la télévision est un exemple particulièrement spectaculaire.

- *Le codage d'intégration*

Les recherches effectuées dans une autre direction ont permis de montrer que l'image était efficace grâce à un autre mécanisme, celui du codage d'intégration (ou de la médiation imagée). Gordon Bower, de l'Université de Stanford en Californie (1970), donne à mémoriser des couples de mots et donne le premier mot de chaque couple comme indice lors du rappel. Dans une condition, les sujets doivent intégrer les deux mots en une même image mentale, par exemple « argent » et « rivière » sont représentés mentalement sous la forme d'un billet qui flotte sur la rivière. Dans une deuxième condition, chaque mot doit être représenté par une image séparée, et dans une troisième condition, contrôle, les sujets doivent répéter « par cœur » les couples de mots. Le rappel est très efficace dans la condition « image intégrée » puisque le score est d'environ 50 %, tandis qu'il est très inférieur, 30 %, dans les deux autres conditions, images séparées ou simple répétition. On peut donc constater que dans le cas de la mémorisation de groupes de mots, le double codage (images séparées) n'est pas suffisant et que l'image est efficace parce qu'elle permet d'intégrer plusieurs mots. D'autres auteurs ont confirmé ce fait, et certains ont montré que la médiation d'une image pour intégrer des mots n'était pas plus efficace qu'une médiation verbale (phrase ou mot médiateur) (Wood, 1967). Il semble donc que dans les situations d'intégration, le double codage ne soit plus très efficace et que ce qui est essentiel, c'est l'intégration en unités supérieures, phrases ou images, idées ... Certains chercheurs ont même pu montrer que si les Anciens (*Rhétorique à Herennius*) pensaient que la bizarrerie était une condition pour améliorer l'efficacité des images, c'était à tort, le mécanisme efficace étant l'intégration des éléments et non la bizarrerie de l'image elle-même. Une expérience très démonstrative a été faite sur ce problème par Senter et Hoffman de l'Université de Cincinnati (1976). Des paires de dessins sont présentées pendant 10 secondes, les dessins sont communs ou bizarres et les dessins d'une même paire sont intégrés ou séparés; voici des exemple pour chacune des quatre combinaisons:

Dessins séparés

- communs : un cigare ; un piano
- bizarres : un cigare allumé aux deux bouts
  un piano émettant tout seul des notes

Dessin intégré

- commun : un cigare posé sur un piano
- bizarre : un piano fumant un cigare

Dessin(s)	communs	bizarres	différence moyenne
intégré	86 %	85 %	25 %
séparés	57 %	64 %	
différence moyenne	3 %		

Tableau 6. Rôle de l'intégration et de la bizarrerie dans l'imagerie. (d'après Senter et Hoffman, 1976).

Les résultats montrent clairement que l'intégration est très efficace (25 % de rappel en plus), tandis que la bizarrerie ne provoque qu'une différence moyenne insignifiante. Beaucoup d'autres recherches confirment que la bizarrerie ne permet pas d'améliorer l'efficacité de l'imagerie, et cette conclusion est également vraie dans le cas de la présentation de dessins et dans le cas d'une présentation de mots que l'on demande d'imager de façon commune ou bizarre.

- Quelques applications du code imagé

Comme chacun le sait, de nombreuses applications de l'efficacité du double codage verbal + imagé existent : c'est l'immense domaine de la communication audio-visuelle, publicité, apprentissage des langues, et surtout la télévision.

Quelques auteurs ont étudié expérimentalement quelques applications de l'imagerie ; je présenterai trois exemples, dans les domaines de la publicité, de l'apprentissage d'un vocabulaire étranger et dans une situation d'association d'un nom à un visage.

Kathy et Richard Lutz (1977) de l'Université de Californie à Los Angeles, ont voulu vérifier si l'imagerie était aussi efficace dans la publicité qu'en laboratoire. Ils ont choisi des publicités de marques ou d'entreprises de service, apparaissant dans l'annuaire. Dans la condition «imagerie», le dessin est présenté avec la marque, alors que dans la condition «contrôle», seule la marque est présentée; en fonction de ce qui a été dit, la condition «imagerie» est en réalité une condition «double codage». Dans la condition «imagerie», deux sous-conditions sont employées selon que l'image et la marque sont en interaction ou que l'image et la marque sont séparées. Par exemple, si une société de livraison s'intitule «Les Livraisons Fusée», l'interaction sera représentée par un livreur tenant un paquet et étant propulsé par une fusée fixée dans son dos. Ou encore, l'entreprise de travaux Dixon sera représentée avec le nom écrit en gros avec les deux barres du X représentées par deux grues. Dans la condition contrôle, les deux sous-groupes sont respectés de façon à vérifier s'il n'y a pas de différences de difficulté à mémoriser les marques, mais seules les dénominations sont présentées.

| | Intégration marque-image ||
	oui	non
Dessin + Marque	8,82	4,95
Marque seule	5,39	5,22

Talbeau 7. Efficacité de l'image dans les publicités de marque quand il y a ou non interaction entre le dessin et la marque (d'après Kathy et Richard Lutz, 1977).

On constate que l'imagerie est efficace mais seulement quand le dessin est intégré à la marque, ce qui confirme tout à fait les expériences précédentes indiquant que l'imagerie a un rôle essentiel dans le codage d'intégration.

Après Pierre de Ravenne qui utilisait des visages, notamment de femmes, comme lieux pour la mémoire, certains mnémonistes conseillent d'employer l'imagerie pour associer des noms à des visages. Peter Morris, Susan Jones et Peter Hampson (1978) ont testé cette technique. Ils ont choisi des photographies dans des journaux et les ont associées arbitrairement à des noms pris dans un annuaire. Les sujets du groupe « imagerie » doivent transformer le nom en une image et y intégrer un élément marquant du visage. Par exemple, si Monsieur Gardin a un gros nez, on pourra imaginer un nez au milieu d'un jardin (après avoir déformé Gardin en Jardin). Dans le groupe contrôle, les sujets doivent associer les visages et les noms, sans qu'on leur conseille une technique. Au cours d'un premier essai les résultats ne sont guère concluants, la technique ne donnant aucun résultat, ce n'est qu'après un second essai que la technique donne des résultats. 92 % des noms sont donnés pour les bonnes photographies, tandis que le groupe contrôle n'est capable de donner que 41 % des noms (la liste comporte 13 paires photo-nom). Au total, si l'imagerie semble là encore être très efficace, il est nécessaire de s'entraîner pour atteindre une performance importante.

Une tentative plus originale d'application de l'imagerie concerne l'acquisition d'un vocabulaire étranger. Richard Atkinson et Michael Raugh de l'Université de Stanford en Californie, ont expérimenté une technique, connue en France sous le nom de la double chaîne. Les auteurs ont fait apprendre avec cette méthode un vocabulaire de 120 mots russes et leur codage en mots anglais. Je me contenterai de donner un seul exemple pour un mot anglais et son équivalent français :

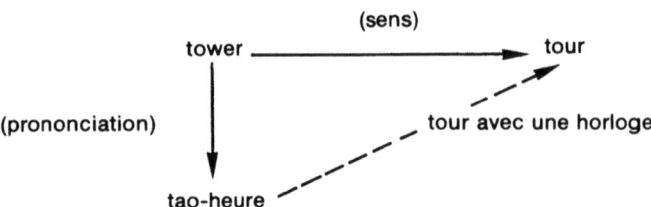

Le procédé consiste donc à trouver deux médiateurs, un mot-code pour la prononciation (tao-heure), puis une image qui intègrera le mot qui code la prononciation et la traduction (tao-heure et tour) : on pourra donc imaginer dans cet exemple, une tour avec une horloge comme Big Ben ou une tour imaginaire. Voici, plus rapidement, un second exemple : « acorn » se prononce approximativement comme «é-corne» et signifie «gland», on pourra donc se représenter un gland piqué à la corne d'une vache.

Bien qu'il paraisse compliqué, au moins à décrire (avec des mots), l'expérience des auteurs montre que les résultats confirment la grande efficacité du procédé : le rappel général consiste à tester le vocabulaire de 120 mots après trois jours d'apprentissage (3 essais par mot), et le pourcentage de bonnes traductions du mot étranger est de 72 % dans la condition «mot et image codes», tandis que le pourcentage de bonnes traductions n'est que de 46 % dans la condition contrôle où les sujets apprennent sans méthode.

La seule critique que je serai tenté de faire, est que le mot-code pourrait déformer la prononciation réelle du mot étranger, mais cet inconvénient est limité dans la procédure des auteurs dans la mesure où le mot étranger est entendu dans une prononciation correcte. Il reste à voir si la technique est toujours efficace dans le cas où les sujets doivent prononcer le mot étranger en voyant le mot de leur langue. Il est néanmoins vraisemblable que la technique restera efficace, à condition que la prononciation du sujet soit surveillée et corrigée. Je signalerai seulement pour finir, une expérience de Michael Pressley qui montre que la même méthode est très efficace dans l'acquisition de mots espagnols par des enfants de 7 et 11 ans.

- *Quelques conclusions pratiques*

De nombreuses expériences attestent que l'imagerie est un procédé efficace pour la mémorisation. Ceci confirme donc l'intérêt que portaient les Anciens pour l'image, même si pendant la Renaissance, l'image a été appliquée à n'importe quel type de connaissance. Je signalerai quelques conclusions pratiques qu'il est bon de retenir :

1. L'imagerie est souvent très efficace
    - pour intégrer des éléments,
    - pour produire un double codage (audio-visuel ...).
2. Mais le codage imagé requiert plus de temps : en pratique 5 à 10 secondes pour mémoriser des couples de mots ou de

petites phrases. Mieux vaut ne pas tenter un codage imagé quand l'information (discours, cours, conférence) est diffusée à une cadence rapide; par exemple si un cours est trop rapide, il vaut mieux copier le plus de mots possible, et après coup organiser l'information en images, dessin ou schéma ...

3. Une limitation importante dans l'emploi de l'imagerie, est l'abstraction: il est difficile de coder des mots abstraits en images. Pourtant la force de l'image se voit en ce que de nombreux mécanismes de la pensée ont pour finalité d'imager des notions ou des relations abstraites: c'est par exemple la métaphore, les symboles (la colombe pour la paix, la balance pour la justice ...) et la comparaison de l'homme à l'animal pour représenter certains traits de caractère (doux comme un agneau, rusé comme un renard ...).

3. Le code chiffre-lettre

Le principe de tout code chiffre-lettre est de transformer les chiffres d'un numéro en lettres puis de former un mot (ou plusieurs mots). La seule substitution des chiffres en lettres ne doit pas apporter en elle-même une facilitation de la mémorisation mais l'intégration des lettres en mots permet en théorie de réduire le nombre de symboles à mémoriser: c'est donc en tant que code d'intégration que le code chiffre-lettre peut être efficace.

Jung (1963) a étudié l'efficacité d'un tel procédé en utilisant comme code, les lettres qui sont associées aux chiffres sur un cadran de téléphone. Dans une condition contrôle, des numéros de 7 chiffres sont à mémoriser; dans une deuxième condition, les deux premiers chiffres sont codés en lettres et dans une troisième condition, tout le numéro est codé en lettres de façon à former des mots ou des syllabes prononçables, par exemple Heed Bex (vigilant Bex). Le rappel est respectivement de 4,9 numéros dans la condition contrôle, 8,4 numéros rappelés dans la condition « préfixe codé » et 27,4 numéros rappelés lorsque ces numéros avaient été entièrement codés en lettres puis en mots. On constate donc que le code chiffre-lettre peut être extrêmement efficace, notamment lorsqu'il y a intégration complète en unités supérieures, ici, les mots.

On sait que ce procédé est utilisé en partie pour fabriquer des numéros d'usage courant. Par exemple, tous les numéros de téléphone commençant par SVP (abréviations courantes de s'il vous plaît) ...; de même le numéro d'une compagnie parisienne de taxis est SEX 33 33, ce qui facilite sa rétention.

Feinaigle et Paris, puis d'autres mnémonistes, ont proposé un code chiffre-lettre qui a pour particularité de n'utiliser que des consonnes. Paris a perfectionné ce code de façon à ce que les consonnes qui correspondent à chaque chiffre, appartiennent à une même famille phonologique; voici à nouveau ce code :

0	1	2	3	4	5	6	7	8	9
s	t	n	m	r	l	ch	k	f	p
z	d	gn				j	gu	v	b
ç						ge	qu		

Dans l'esprit d'Aimé Paris, ces lettres s'utilisent en tant que sons consonantiques (on dira pour « n », ne ou gne plutôt que ène ...) pour former des mots avec des voyelles de remplissage. Par la suite, j'attribuerai ce code à Feinaigle-Paris car si c'est Paris qui l'a perfectionné, c'est Feinaigle qui a le premier proposé le plus grand nombre d'applications. Il y a trois grandes catégories d'applications :

- le code d'un numéro en mots-clés;
- la formule : c'est-à-dire le code d'une longue séquence de chiffres en phrases. Je classerai cette catégorie dans les plans de rappel basé sur un code, car les nombreux mots qui codent les chiffres doivent eux-mêmes être intégrés en phrases;
- la table de rappel qui utilise des indices numéraux, c'est-à-dire des mots qui codent les numéros de 1 à 100. C'est aussi un plan de rappel car le but de la table est de rappeler une longue suite de mots.

Au moment où j'écris ce livre, je n'ai pas eu le temps de tester l'efficacité de toutes les applications du code Feinaigle-Paris, mais seulement celle de la formule pour mémoriser le nombre Pi (voir plan basé sur un code) et les tables de rappel (testés également par des chercheurs américains), mais comme les résultats pour la formule et les tables sont en général positifs, je crois que le code peut être considéré comme efficace. Cela dit, il convient d'être prudent car nous avons vu à propos du code imagé qu'un code n'était pas efficace en dehors de certaines conditions. Une condition très importante est l'intégration; par exemple, si une image intègre mal deux mots, le code imagé sera souvent inefficace. C'est vraisemblablement le cas pour tout code d'intégration et en conséquence pour le code chiffre-lettre. Voyons quelques exemples, pour les numéros de téléphone. J'ai fabriqué au hasard des numéros de téléphone et après les avoir codé en mots j'ai fait les phrases suivantes :

KLE 12 20 : Kleber *dîne* dans une *nasse*
(d n = 12, n s = 20)
DAN 84 75 : Danton est *fort* en *gueule*
(f r = 84, gu l = 75)
OPE 63 37 : Opéra : un *chameau* à La *Mecque*
(ch m = 63, m qu = 37)

Je peux coder KLE 12 20 en apprenant la phrase « Kleber dîne dans une nasse », en faisant l'allusion que ce fameux général est pris dans un piège. La phrase présente une certaine unité sémantique et on peut penser que le procédé sera dans ce cas efficace. Dans le second exemple, « Danton est fort en gueule », la phrase me paraît encore meilleure du point de vue de l'unité sémantique, donc le procédé sera sans doute efficace. En revanche, il est difficile d'intégrer la phrase « un chameau à La Mecque » avec l'indicatif « Opéra », de sorte que le procédé ne sera peut-être pas efficace.

Voici encore quelques exemples d'applications du code dans le cas de dates à apprendre. J'ai choisi des dates de découvertes ou inventions du XIXe siècle. Voici l'inventeur, l'invention et la date ainsi que la phrase que l'on peut trouver pour coder les deux derniers chiffres de la date (puisque l'on sait qu'il s'agit de 18..) :

Branly-la radio-1890 : la radio amène l'orchestre dans une *pièce* (p c = 90)
Nobel-la dynamite-1866 : la dynamite est un *joujou* explosif (j j = 66)
Otis-l'ascenseur-1852 : un ascenseur pour monter jusqu'à la *lune* (l = 52)
Waterman-le stylo-1884 : un stylo à plume de *fer* (f r = 84)

Dans tous ces exemples, les phrases permettent une intégration entre le mot qui code la date et l'invention elle-même: ce sont donc des exemples qui sont vraisemblablement efficaces.

A condition de trouver des phrases qui ne soient pas trop «forcées» sur le plan sémantique, le lecteur pourra facilement appliquer ce code à quelques numéros qu'il est important de connaître parfaitement, comme le numéro de code associé à une carte bancaire, quelques numéros de téléphone, quelques dates repères de l'histoire. Mais il est évident qu'à l'aube du XXIe siècle, il convient de ne pas surcharger la mémoire avec des informations que l'on peut facilement écrire sur un agenda, ou des dates que l'on trouve aisément dans tout manuel. De même que beaucoup de gens ont leur calculatrice de poche, beaucoup auront bientôt un ordinateur qui leur servira de mémoire auxiliaire. Il convient de savoir sélectionner ce qu'il est essentiel d'apprendre et de ne pas considérer la mémoire comme un grenier où l'on range n'importe quoi.

Chapitre VII
Les indices : abréviations, rimes ...

Ce chapitre sera très court pour deux raisons : tout d'abord, la théorie des indices de rappel (ou de récupération) a été faite dans la première partie, et je ne ferai que la résumer dans ce chapitre ; ensuite les procédés mnémotechniques utilisent non seulement les indices de rappel, mais très souvent une chaîne de nombreux indices, c'est-à-dire un plan de rappel, comme la méthode des lieux, la phrase-clé, la table de rappel.

Un indice de rappel est un groupe d'informations qui permet de récupérer de la mémoire, un ensemble structuré déjà stocké. C'est par exemple, la photographie de l'album qui déclenche en la voyant toute une série de souvenirs auxquels on ne pensait plus. Les indices peuvent être de nature variée et peuvent parfois être une odeur, une musique, une association sémantique, une rime, etc. Chacun a dû faire l'expérience d'une musique qui rappelle une période de la vie, ou un film, ou une personne. De même certains procédés mnémotechniques d'usage courant sont basés sur l'emploi de certains indices : les huîtres se consomment les mois en R ; la stala*gm*ite *m*onte et la stala*gt*ite *t*ombe ; afin de rappeler quels mois ont 30 et 31 jours, on représente chaque mois de l'année sur les bosses et les creux formés par les articulations des doigts. Guyot-

Daubès raconte que Pascal faisait une marque sur ses ongles afin de se rappeler une idée ou une maxime qu'il ne pouvait écrire sur le moment; de la même façon certains paysans marquaient par des cailloux le nombre de travaux qu'ils avaient à effectuer dans la journée.

De nos jours, on ne fait plus de marques sur ses ongles (procédé inauguré par Marafioti, voir 1re partie) mais on écrit une abréviation sur un agenda ou sur un calendrier. De même, on ne met pas un caillou dans sa poche pour se rappeler d'une chose à faire, mais on fait un nœud à son mouchoir ...

Quels sont les meilleurs indices, et quelles sont les meilleures conditions à réunir pour que les indices soient efficaces?

1. Les conditions d'efficacité des indices

Il faut respecter deux conditions pour que les indices soient efficaces, une association préétablie et une intégration des éléments:

- *Une association préétablie*

Dans les expériences de laboratoire où des mots étaient à apprendre, une condition nécessaire à l'efficacité des indices a été mise en évidence, c'est le caractère préétabli de la liaison entre l'indice et le mot à mémoriser. Il faut par exemple, qu'il existe une liaison sémantique entre les deux mots, abeille et miel par exemple, « abeille » servant ultérieurement d'indice pour aider à rappeler « miel ». Une liaison arbitraire ne sera pas efficace: ainsi, si je fais apprendre une liste de mots, parmi lesquels se trouve « miel » et que je donne « train » comme indice de rappel pour retrouver « miel », cet indice ne sera pas efficace (sauf si je remplis la seconde condition). Les parties de mot, comme la rime ou la première syllabe sont généralement des indices efficaces; la raison en est qu'il y a une liaison phonétique et graphique préétablie entre le mot et une partie de ce mot, par exemple, la rime « gon » est un indice efficace pour appeler le mot « lagon » présenté dans une liste.

- *L'intégration des éléments*

Lorsqu'il n'y a pas de liaison préétablie entre les éléments, par exemple, entre le mot qui sert d'indice et le mot qui est a rappeler, il est nécessaire qu'il y ait intégration de ces deux mots au moment de leur mémorisation. Nous en avons vu la raison au cours de la première partie : l'indice sert à retrouver en mémoire le chemin (l'association) qui mène au lieu de stockage du mot à rappeler. S'il y a une association préétablie, le chemin existe, mais s'il n'y a pas d'association, il faut en créer un. L'intégration de deux mots peut se faire au moyen de la médiation d'une image ou d'une médiation verbale, mot ou phrase. Ainsi, si je dois apprendre « train-miel » en sachant que l'on me fournira « train » comme indice, j'essaierai d'intégrer ces deux mots soit en formant une image « un train transportant du miel » ou une phrase « je prends le train pour ma lune de miel »; il n'est d'ailleurs pas exclu que la médiation soit mixte, à la fois verbale et imagée.

La nécessité d'opérer un codage d'intégration explique pourquoi les indices sont efficaces s'ils sont concrets et surtout efficaces si les mots à rappeler sont également concrets. Si les deux mots sont abstraits l'intégration en phrase n'est pas aisée, tandis que l'intégration en une image est à peu près impossible. Voici une expérience de Gordon Wood (1967) de l'Université du Michigan, qui est très révélatrice sur ce point.

Il présente une liste de 40 mots à la vitesse d'un mot toutes les cinq secondes et les sujets doivent les mémoriser. Dans une condition contrôle, il n'y a pas d'indices et le rappel est d'environ 45 %. Dans d'autres conditions les mots sont présentés avec un indice chacun (sans liaison préétablie), par exemple pour des mots concrets « lit-baleine », « fusée-chèvre ». Si les mots sont concrets, les indices données au rappel sont efficaces puisque le rappel est d'environ 68 %. En revanche, si les deux mots sont abstraits, le rappel n'est que de 35 % si la médiation est verbale (petite phrase) et seulement de 29 % si la médiation est imagée; dans ces deux derniers cas, on voit que les indices ne sont pas efficaces puisque le rappel sans indice du groupe contrôle est de 45 %.

Comme l'efficacité des indices est en fait dépendante de la « qualité de l'intégration », un minimum de temps de codage est requis. Dans une autre expérience, Wood a montré que l'efficacité d'indices concrets avec une intégration imagée, était réduite lorsque le temps de présentation (2 secondes par mot) ne permettait plus le codage. Ceci confirme ce qui a été dit sur le codage imagé. En pratique, il faut donc se rappeler qu'un temps de codage d'au moins 5 secondes par mot est nécessaire.

2. Les principaux indices

Nous avons déjà rencontré à plusieurs reprises les indices sémantiques (exemple : abeille-miel) et les indices phonétiques (rime, etc.), mais il existe d'autres indices. Tout d'abord les photographies dont nous verrons l'efficacité dans le paragraphe suivant. Dans la vie courante on peut se servir également d'événements qui ont valeur de repères et que l'on utilise pour retrouver la date de certains autres événements. Par exemple, avec Bruna Aiello (voir Lieury, 1980), nous avons montré que les individus utilisent des dates-clés comme la date de la mort de De Gaulle ou celle de Kennedy pour dater d'autres événements. Ces repères fonctionnent donc comme des indices et l'on peut constater à propos de cet exemple, que les indices ne sont pas que des « trucs » pour aider la mémoire mais font partie du fonctionnement naturel de la mémoire.

On peut considérer également que des abréviations, des symboles que l'on écrit sur un agenda ou que l'on rencontre dans la vie quotidienne (symbole du téléphone, panneaux routiers) sont des signes verbaux ou imagés qui servent d'indices.

Mais il existe une classe toute particulière d'indices qui sont très efficaces, ce sont les indices catégoriels. L'exemple le plus courant est encore une fois l'indice sémantique, mais catégoriel cette fois : l'indice aide à rappeler non pas un seul mot mais une catégorie de plusieurs mots de même famille sémantique ; « animal » pour rappeler des mots comme « lion, baleine, chèvre », instrument de musique, pays, etc. Tulving et Pearlstone (voir 1re partie) et beaucoup d'autres chercheurs ont montré que les indices catégoriels étaient très efficaces. Ils sont en effet très économiques du point de vue de la surcharge en mémoire puisqu'un seul indice catégoriel permet de rappeler plusieurs mots. Dans la pratique, les indices catégoriels sont abondamment utilisés ou sous-jacents à beaucoup de procédés de mémorisation. Certains journalistes de télévision présentent des « gros titres » de l'actualité avant d'en aborder l'examen plus approfondi. Ces titres sont des indices catégoriels. De même le titre d'un chapitre de livre, le titre de chaque paragraphe d'un cours, sont des indices catégoriels. Nous verrons que les indices catégoriels sont à la base de nombreux plans de rappel, les plans hiérarchiques par exemple.

L'étymologie me paraît également basée sur l'emploi d'indices catégoriels. Grâce à la connaissance d'un seul mot, on pourra déduire ou se rappeler la signification de plusieurs autres mots; par exemple, sachant quelques racines grecques, on pourra aisément se rappeler la signification de nombreux mots tels que « céphalopodes », « gastéropodes », « myriapodes ». En fonction de la grande efficacité (en laboratoire) des indices catégoriels, je crois que dans l'apprentissage des langues étrangères, il faudra préférer chaque fois que c'est possible l'usage de l'étymologie à celui de la médiation imagée (procédé de la double chaîne).

3. Des indices de rappel à la reconnaissance

Dans la 1re partie, nous avons vu pourquoi le rappel avec indices était plus efficace que le rappel et pourquoi la reconnaissance était supérieure au rappel avec indices :
- pour la reconnaissance : il faut un épisode (de ce qui a été mémorisé) stocké en mémoire ;
- pour le rappel avec indice : il faut un épisode et une association entre l'indice et l'élément à rappeler ;
- pour le rappel libre : il faut un épisode, une association et un indice (en mémoire à court terme ou dans l'environnement).

Dans la pratique, on peut constater qu'il existe effectivement un continuum entre le rappel libre qui est un rappel avec le minimum d'indices et a reconnaissance qui représente la situation du maximum d'indices présentés (l'élément lui-même). Entre ces deux extrêmes tous les intermédiaires peuvent être imaginés. Voici deux résultats d'expériences qui vont permettre de concrétiser cette «loi» qui a des conséquences pratiques fort importantes.

Tulving et Watkins (1973) ont fait apprendre des mots de cinq lettres à plusieurs groupes de sujets. Selon les groupes, les sujets devaient rappeler sans indices (rappel libre), avec comme indices 2, 3, 4 lettres, ou enfin avaient les 5 lettres ce qui représente la situation typique de reconnaissance où le mot entier est donné (en général parmi des mots-pièges); voici les résultats en pourcentages:

Nombre de lettres	*Rappel moyen*
0 (rappel libre)	24 %
2 lettres (rappel indicé)	28 %
3 lettres (rappel indicé)	56 %
4 lettres (rappel indicé)	70 %
5 lettres (reconnaissance)	85 %

On constate donc que le rappel est fonction du nombre d'indices que l'on fournit comme aide au rappel et que le rappel libre et la reconnaissance sont les deux extrêmes du nombre d'indices fournis.

Le deuxième exemple est tiré de l'expérience de Bahrick H., Bahrick et Wittlinger (1975) où le rappel des noms de camarades de collège a été étudié. Le rappel libre consiste à demander le plus de noms possible, le rappel indicé consiste à donner la photographie du nom, et la reconnaissance à montrer le nom (parmi des pièges); voici les résultats en fonction du temps écoulé après le départ du collège, des sujets de l'expérience:

Nous retrouvons dans cette expérience (tableau 8) les mêmes résultats que précédemment, le rappel indicé est supérieur au rappel libre et la reconnaissance est supérieure au rappel indicé; ceci est valable quel que soit le délai de rappel, qu'il s'agisse de 3 mois ou de 50 ans. On remarquera toutefois que si la reconnaissance des noms est encore très bonne après

	Délais de rappel		
	3 mois	25 ans	50 ans
rappel libre	15 %	13 %	7 %
rappel indicé	70 %	40 %	18 %
reconnaissance	90 %	80 %	70 %

Tableau 8. Efficacité du type de rappel en fonction du délai, pour des noms de camarades de collège (d'après H. Bahrick, Bahrick et R. Wittlinger, 1975).

50 ans (70 %), la photographie ne fournit qu'une aide très faible (18 %), ce qui laisse penser que l'association entre l'image mentale du visage et la représentation mentale du nom se détériore avec le temps alors que les représentations elles-mêmes ne se détériorent pas autant.

Dans tous les cas, la conclusion de ces expériences, c'est que la reconnaissance est largement supérieure au rappel, même au rappel avec indice. Cette loi a une conséquence pratique très importante étant donné que la plupart des trucs pour aider la mémoire sont basés sur des indices. Nous pouvons nous attendre à ce que la plupart des procédés mnémotechniques ne soient efficaces que dans des situations de rappel (examen, par exemple). En situation de reconnaissance (questionnaire à choix multiple, situations de la vie courante où l'ont peut consulter des livres), ces procédés seront inutiles puisque la reconnaissance donnera des résultats supérieurs.

Chapitre VIII
Les plans basés sur l'image

La transformation d'informations verbales en images est souvent utile pour la mémorisation, c'est le code imagé. Toutefois, si le nombre d'images résultant de ce codage reste très grand, il y aura toujours des difficultés de rappel car nous l'avons vu, la mémoire à court terme ne peut stocker qu'un petit nombre (environ 7) d'éléments à la fois. Le plan de rappel est donc une organisation, une chaîne d'éléments codés ou d'indices de rappel que l'on pourra rappeler malgré la capacité limitée de la mémoire à court terme.

Le plan de rappel le plus ancien est connu depuis l'Antiquité, et c'est un plan basé sur l'image : la méthode des lieux (ou loci).

1. La méthode des lieux

Pour mieux percevoir l'intérêt d'un plan de rappel, rappelons les expériences de Gordon Wood (1967, voir chapitre précédent). Celui-ci fait mémoriser une liste de 40 mots concrets sans aide (groupe contrôle) ou une liste de 40 mots concrets que les sujets doivent « accrocher » à 40 mots-indices à l'aide d'une image (groupe « indices »). Nous savons que le rappel avec les indices est plus fort (environ 68 % contre 45 %) mais à condition que les indices soient fournis au sujet, par exemple écrits sur une feuille de papier, au moment du rappel. Dans le cas contraire, le sujet doit conserver en mémoire à court terme autant d'indices ou autant d'images que de mots à rappeler, ce qui ne permet aucune économie. En fait, il y aura même une surcharge par rapport aux sujets du groupe contrôle car les sujets du groupe « indices » conserveront en mémoire à court terme quelques indices et quelques mots.

La méthode des lieux est un procédé qui consiste à apprendre une liste d'indices imagés qui servira une fois pour toutes, à accrocher toute nouvelle liste de mots. Pour les Anciens, la liste d'images était formée par les parties d'un palais ou d'une villa, pièces, colonnes, statues, etc. Et nous avons vu dans la partie historique de ce livre que certains utilisèrent la carte du ciel, des abbayes, des amphithéâtres, comme itinéraire de lieux. La méthode des lieux est pafois encore utilisée par des mnémonistes comme le décrit le psychologue soviétique Luria (1970) à propos du cas Veniamin. Veniamin était un mnémoniste dont les capacités de raisonnement étaient fort réduites mais dont les capacités d'imagerie et de mémoire étaient prodigieuses. Pour améliorer ses performances et rappeler dans l'ordre des listes d'une centaine de mots, Veniamin les transformait en images et les intégrait le long d'une rue de son village natal, ou encore le long de la rue Gorki à Moscou. Ce procédé lui permettait de faire des prouesses, mais dans quelques rares cas, cette méthode des lieux l'amenait à commettre des erreurs: par exemple, il lui arriva d'omettre de rappeler le mot « étendard » car il s'était représenté un étendard rouge qu'il avait placé devant un mur rouge, où il s'était confondu ...

Des chercheurs américains se sont posés la question de l'efficacité de la méthode des lieux, pour des sujets normaux, notamment des étudiants. Crovitz (1969) utilise un itinéraire fictif de 20 lieux dessinés au tableau d'une classe, par exemple une station d'essence, un fleuriste, une prison, un journal, etc. La liste est composée de 40 mots concrets, ombrelle, marin, etc., qui sont dictés à la vitesse d'un mot toutes les huit secondes; les sujets doivent placer mentalement deux mots par lieu. Le rappel moyen dans l'ordre est de 34 mots environ soit 86 % du total de la liste. Bien que ces résultats paraissent supérieurs au rappel libre, le manque de groupe contrôle ne permet pas de conclure vraiment à l'efficacité de la méthode. Pour cette raison Crovitz (1971) refait une expérience du même genre et montre que la performance est toujours d'environ 85 % pour une liste de 32 mots avec la méthode des lieux, tandis qu'un groupe contrôle ne rappelle que 20 % des mots dans la bonne position (sur une feuille de papier où sont reportées autant de cases que de mots).

Crovitz (1971) a également réalisé une expérience fort intéressante qui montre que la méthode des lieux a les propriétés des indices de rappel. Il utilise une liste de 32 mots et sept groupes de sujets qui disposent d'un nombre différent de lieux : 0 lieu (groupe contrôle), 1 lieu, 2 lieux, 4 lieux, 8 lieux, 16 lieux, et enfin 32 lieux. Etant donné que la liste comporte toujours 32 mots, le nombre de mots à stocker par lieu sera d'autant plus grand que le nombre de lieux est petit : ainsi, les sujets qui ne disposent que de 4 lieux devront stocker 8 mots par lieu, alors que les sujets qui disposent de 32 lieux pourront stocker un mot par lieu.

Les lieux sont des magasins ou des édifices d'une rue et ils sont dessinés sur des cartons placés devant le sujet pendant toute la durée de l'expérience (présentation des mots et rappel). Il s'agit donc plus d'une expérience concernant le rappel avec indices que d'une expérience concernant un plan de rappel au sens strict, mais on peut penser que pour un sujet qui connaîtrait par cœur les lieux, les résultats seraient équivalents (d'autres chercheurs l'ont vérifié pour un autre plan de rappel). Voici quelques-uns de ces lieux :

magasin pour animaux
cabine téléphonique
magasin de vêtement
armurier
hôpital
librairie
station d'essence
crèche

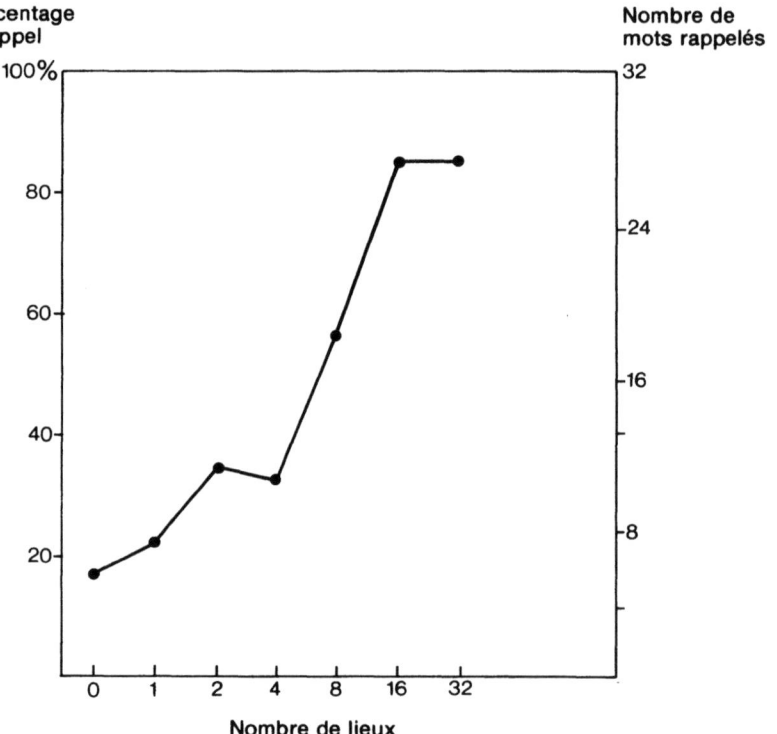

Figure 8. Efficacité de la méthode des lieux en fonction du nombre de lieux dont disposent les sujets pour mémoriser une liste de 32 mots (d'après Crovitz, 1971).

tente de cirque
quincaillerie
café
terminus de bus
hôtel
cimetière
banque
zoo
caserne de pompiers
etc.

Les résultats (fig. 8) indiquent que l'utilisation des lieux est d'autant plus efficace que le nombre de lieux est grand. Notamment, on peut voir sur la figure que le pourcentage de rappel augmente faiblement de 0 à 4 lieux, tandis que le pourcentage de rappel augmente très rapidement de 4 lieux à 8 lieux pour atteindre le maximum à 16 et 32 lieux. On peut expliquer ces résultats, si l'on calcule le nombre de mots à stocker par lieu. Lorsque le sujet dispose de 4 lieux, il doit accrocher 8 mots par lieu; lorsque le sujet ne dispose que de 2 lieux, il doit accrocher 16 mots par lieu. Or, nous avons vu que la mémoire à court terme ne pouvait conserver en même temps que 7 éléments au maximum (en général). On conçoit donc qu'il y a surcharge dans les situations où le nombre de lieux est petit. A l'inverse, lorsque le sujet dispose de 8 lieux, il ne doit accrocher que 4 mots, et surtout lorsque le sujet dispose de 16 et 32 lieux, le sujet doit accrocher seulement 2 ou 1 seul mot par lieu. Dans ces cas, la surcharge est faible ou nulle : le sujet peut facilement intégrer 2 mots par lieu en une seule image par exemple, alors qu'il est pratiquement impossible d'intégrer 16 mots par lieu en une seule image.

La conséquence pratique de ces résultats est qu'il est nécessaire de stocker un petit nombre (moins de 4) d'éléments par indice de rappel, ou par lieu si c'est la méthode des lieux qui est utilisée. L'idéal est naturellement de ne stocker qu'un seul élément par indice ou par lieu.

Groninger (1971) de l'Université du Maryland a également montré une autre caractéristique essentielle de la méthode des lieux. L'efficacité de la méthode des lieux disparaît complètement lorsque la mémoire est testée par une épreuve de reconnaissance. Nous avons déjà vu que c'était une caractéristique des indices de récupération que de perdre tout intérêt dans une épreuve de reconnaissance. Je rappelle pourquoi : les indices de rappel ont pour utilité de trouver le lieu de stockage des éléments stockés en mémoire (les épisodes). Comme la reconnaissance est une épreuve dans laquelle les éléments à rappeler sont eux-mêmes présentés (parmi des pièges), l'accès à leur lieu de stockage en mémoire est direct. Or un plan de rappel, comme la méthode des lieux, est un ensemble d'indices : il en conserve donc les caractéristiques. En conséquence, la méthode des lieux n'a plus d'intérêt lorsque la mémoire est testée par la reconnaissance. Dans l'expérience de Groninger,

25 mots sont appris parfaitement, soit sans aide (groupe contrôle), soit à l'aide de la méthode des lieux. Les sujets de ce dernier groupe avaient préalablement appris un itinéraire personnel de 25 lieux. Cinq semaines plus tard, on sonde la mémoire des sujets par différents tests : 1. le rappel dans la bonne position ; 2. le rappel de la position relative (si tel mot est après tel autre, mais non sa place exacte dans la liste) ; 3. le rappel quelle que soit la position ; et enfin 4. la reconnaissance parmi des mots pièges.

	Mode de sondage			
	bonne position	position relative	position libre	reconnaissance
méthode des lieux	79 %	84 %	91 %	96 %
groupe contrôle	38 %	49 %	73 %	95 %

Tableau 9 : Efficacité de la méthode des lieux en fonction du mode de sondage (d'après Groninger, 1971).

On peut constater d'après le tableau des résultats (tableau 9) que la méthode des lieux est très efficace lorsqu'il faut rappeler les mots dans la bonne position (79 % contre 38 %) mais que la méthode perd de son utilité lorsque les contraintes de rappel sont moins grandes. Dans la situation de reconnaissance, le score est tellement important pour le groupe contrôle (95 %) qu'il « rattrape » le score du groupe de sujets qui ont employé la méthode des lieux.

La conséquence pratique de ces résultats est que la méthode des lieux poura être utile à qui a besoin d'apprendre des listes d'éléments (mots, images) dans l'ordre, mais une telle méthode est inutile dans toutes les situations où l'on est sûr de retrouver l'information apprise (reconnaissance) dans un agenda, livre, etc. Enfin, la méthode est peu utile lorsque l'information n'est pas requise dans l'ordre.

2. Le schéma

On tient souvent pour établi qu'un schéma est plus efficace qu'un texte ; cela est conforme en effet à la supériorité de l'image sur le mot. Dans l'ensemble, cela semble exact, mais le schéma a ses limitations, notamment celles qu'il hérite de l'image.

Avant de donner quelques résultats expérimentaux sur la question, il faut définir le schéma par rapport à des termes voisins. D'après le dictionnaire Larousse, le schéma ou schème est « une figure représentant les grandes lignes d'un mécanisme, d'une organisation », le dessin ou figure est une « représentation sur une surface de la forme des objets » et le graphique est « un dessin appliqué aux sciences ». Je ne dirai rien du graphique qui me paraît n'être qu'un cas particulier de dessin, avec utilisation de conventions (abscisse, ordonnée ...). Le dessin a été abordé dans le paragraphe sur le code imagé; néanmoins le terme de schéma est parfois utilisé avec le sens de dessin, par exemple pour le dessin technique. Je pense qu'il est préférable de réserver le terme schéma pour la représentation d'une organisation de plusieurs éléments. Dans ce sens (qui est celui du dictionnaire), le schéma est un plan de rappel. Néanmoins, la distinction entre schéma et dessin n'est pas toujours aisée à faire car un dessin représente souvent autre chose qu'un seul élément. J'essaierai de préciser cette distinction plus tard.

Alain Moreau, de l'Université de Nice, a étudié l'efficacité d'un schéma qui paraît fonctionner comme un plan de rappel (1973). Il donne à apprendre 45 noms de villes françaises, soit dans un ordre au hasard (groupe contrôle), soit dans l'ordre d'un tour de France. Le pourcentage de bonnes réponses rappelées dans leurs positions relatives correctes est de 47 % pour le groupe « tour de France » et de 35 % pour le groupe contrôle. Si l'on ne tient pas compte des erreurs de position dans le rappel, mais simplement du nombre de villes rappelées, les différences entre les deux groupes disparaissent. Ainsi, le tour de France, utilisé comme schéma, est efficace pour le rappel dans l'ordre mais son efficacité disparaît en rappel libre, ce qui peut être interprété par l'hypothèse que les sujets du groupe contrôle ont eux-mêmes utilisé le schéma du tour de France, sans qu'on leur en parle.

Dans une expérience plus analytique sur le rôle de certains schémas, Jean-François Vezin, de l'Université Paris V, a comparé le schéma au code verbal (je simplifie son expérience qui met en jeu d'autres comparaisons). Dans cette expérience, le concept d'inflorescence (groupe de fleurs attachées à la même tige) est appris par des élèves de 6ᵉ, soit par une description verbale (exemple, Grappe: fleurs ayant des queues alternées le long de la tige; Ombelle: fleurs attachées en un seul point de la tige principale, etc.), soit par des schémas comme dans les exemples ci-dessous:

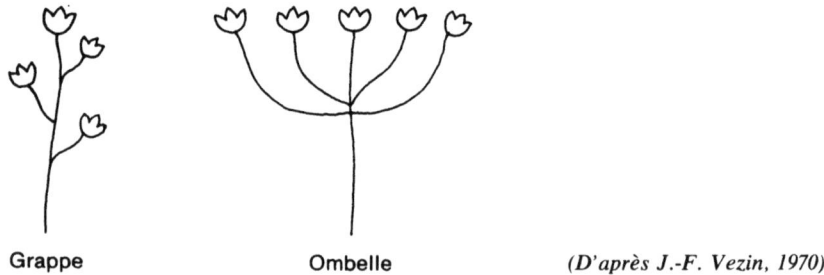

Grappe   Ombelle   (D'après J.-F. Vezin, 1970).

L'auteur a eu le soin de comparer l'efficacité du schéma en fonction de différents modes de contrôle des connaissances. Cette précaution s'avère essentielle puisque les résultats ne sont pas les mêmes selon le mode de contrôle. Pour une tâche de classification de plusieurs dessins d'inflorescences, l'apprentissage par le schéma donne de meilleurs résultats que l'apprentissage par un texte (67 % contre 46 %). Pour une tâche de dénomination de schémas d'inflorescences (simples ou composées), le schéma se révèle être encore un meilleur procédé d'apprentissage (63 % contre 23 % pour le code verbal). En revanche, lorsqu'il est demandé aux sujets d'énoncer par écrit le principe qui les a conduit à une classification, le groupe qui a appris par texte se révèle supérieur au groupe qui a appris par schémas (58 % contre 15 % pour le schéma). D'après une synthèse d'autres expériences, faites par Vezin ou par d'autres auteurs (Vezin, 1972), il semble que le schéma soit une technique d'apprentissage spécialisée à certains types d'informations: la principale caractéristique du code imagé, donc du schéma, c'est de présenter plusieurs informations simultanément, alors que le code verbal présente séquentiellement l'information, ce qui est souvent plus long (par exemple, certaines images ne se traduisent que par un long texte). Ce caractère simultané de la présentation par le schéma peut être mis à profit pour présenter des éléments généraux en un seul ensemble pour mieux les concevoir, les relier en mémoire. En revanche, le code verbal peut permettre une présentation analytique des informations. Enfin, le schéma retrouve les inconvénients du code imagé, notamment celui de ne pouvoir représenter les mots abstraits.

En conclusion, on peut dire que le schéma est généralement efficace pour la représentation d'informations concrètes et lorsqu'il permet une organisation simultanée d'éléments généraux. Pour revenir à propos du schéma à la distinction entre indices et plan de rappel, je crois que lorsqu'un schéma ne regroupe qu'un petit nombre d'éléments (par exemple, le schéma d'un épi, ou d'une ombelle), ce schéma fonctionne comme un indice catégoriel; lorsque le schéma regroupe un grand nombre d'éléments (dépassant la capacité de la mémoire à court terme), il fonctionne comme un plan de rappel.

Chapitre IX
Les plans basés sur le langage

1. Le mot-clé, la phrase-clé, l'histoire-clé

Un procédé mnémotechnique très courant consiste à faire des mots avec les premières lettres ou syllabes des mots d'une liste, ou des mots principaux d'un texte. Selon le nombre d'éléments à mémoriser, on peut intégrer les syllabes en un seul mot, c'est la technique du mot-clé, ou le plus souvent en une phrase ou une histoire, ce sont les techniques de la phrase-clé et de l'histoire-clé.

Lorsqu'il y a peu de mots à intégrer, le procédé du mot-clé fonctionne plutôt comme un code: par exemple, pour se rappeler l'ordre des planètes Saturne, Uranus et Neptune en fonction de leur éloignement par rapport au soleil, on peut observer que les premières syllabes des trois mots sont contenues dans le mot Saturne (Sat Ur Ne) et leur ordre respecte l'ordre des planètes. Lorsqu'il y a beaucoup de mots (en pratique: environ quatre) à intégrer, les procédés du mot-clé ou de la phrase (ou de l'histoire)-clé, fonctionnent comme des plans de rappel qui organisent les indices phonétiques (lettres, syllabes). La phrase-clé « Cambronne s'il eût été dévot n'eut pas carbonisé son père » utilisée pour rappeler les périodes géologiques de l'ère primaire, est un bon exemple de plan de rappel.

La phrase-clé est parfois significative, comme dans l'exemple de « Cambronne » ou celui de « Mais où donc est Ornicar » mais elle peut être non-significative car composée de syllabes qui « sonnent bien », c'est la phrase cabalistique selon l'expression de Guyot-Daubès, Vibujor (voir 2e partie). Le choix de la phrase-clé ou de la phrase cabalistique est empirique et dépend uniquement des circonstances. On le voit très bien dans le cas de deux phrases utilisées par les étudiants en physique-chimie, pour se rappeler l'ordre des atomes dans les 2e et 3e lignes de la classification périodique des atomes (la 1re ligne ne contient que l'hydrogène et l'hélium). L'une des phrases est une phrase cabalistique, l'autre est une phrase-clé :

Atome	Lithium	Béryllium	Bore	Carbone	Azote	Oxygène	Fluor	Néon
Symbole	Li	Be	B	C	N	O	F	Ne
Phrase				Libébé	Cénofné			

Atome	Sodium	Magnésium	Aluminium	Silicium	Phosphore	Soufre	Chlore	Argon
Symbole	Na	Mg	Al	Si	P	S	Cl	A
Phrase	Napoléon	Mange	Allégrement	Six	Poissons	Sans	Claquer	d'Argent

Kenneth Blick de l'Université de Richmond a entrepris avec d'autres chercheurs, plusieurs recherches sur les conditions d'efficacité de la technique de la phrase-clé. Dans plusieurs recherches la technique de la phrase-clé n'est pas efficace par rapport à un groupe contrôle. Ceci montre qu'il faut se garder de croire aveuglément les défenseurs inconditionnels des procédés mnémotechniques. Ainsi dans une expérience de Rust et Blick (1972) la phrase-clé n'est donnée qu'au rappel et n'est pas efficace; ceci rejoint ce qui a été dit à propos des conditions d'efficacité des indices de rappel: si les indices ne sont pas fortement associés aux éléments à rappeler, il faut qu'il y ait un codage d'intégration au moment de la mémorisation; donner les indices seulement au rappel ne sera pas efficace. Dans une autre expérience où la phrase est donnée au départ, le procédé est efficace; la liste est composée de 20 mots dont les initiales constituent des mots qui s'intègrent eux-mêmes dans une phrase: mad VPS flight wreck job (ce qui signifie « furieux Vice-présidents combattre sabotage travail »). A titre d'exemple, les trois premiers mots de la liste qui constituent le mot-clé « mad » sont « motorcycle, archery, dresser ». Après un délai de six semaines, le rappel est d'environ 85 %, alors que dans une condition contrôle, le rappel n'est que de 46 % (Pines & Blick, 1974).

Les expériences de Morris et Cook (1978) donnent également des résultats ambigus. Dans une première expérience les initiales des cinq mots de chaque liste forment un mot-clé; les initiales sont des consonnes et il faut ajouter des voyelles pour former les mots-clés. Les groupes qui utilisent ces mots-clés rappellent moins bien que le groupe contrôle. Les auteurs concluent que le mot-clé n'est pas une technique efficace pour rappeler des mots non préalablement connus des sujets, et que la technique est peut-être efficace pour rappeler un certain ordre de mots déjà connus. Pour tester cette hypothèse, ils présentent des ordres différents des jours de la semaine et donne à un groupe une phrase-clé : par exemple, « Je LèVe Ma MaLaDe » pour rappeler « Jeudi, Lundi, Vendredi, etc. ». Dans ce cas, la phrase-clé est bien efficace par rapport au groupe contrôle. Cela dit, l'explication de Morris et Cook n'est pas entièrement satisfaisante lorsqu'ils expliquent l'échec de leur première expérience, car la phrase-clé est parfois efficace quand une liste de mots nouveaux, mais non inconnus, est à mémoriser. Je pense plutôt que dans cette situation les indices étaient trop faibles et la surcharge était trop grande. En effet, nous avons vu dans le chapitre sur les indices de rappel que moins le nombre de lettres d'un mot était grand, moins cet indice phonétique était efficace; d'une manière générale, on préfèrera comme indices phonétiques la première syllabe plutôt que l'initiale. Ainsi, dans l'expérience de Tulving et Watkins que j'ai décrite, la présentation de 2 lettres du mot ne permet qu'un rappel de 28 % qui n'est pratiquement pas supérieur au rappel sans indice (24 %), tandis que la présentation de 3 lettres permet un rappel de 56 %. Il ne faut donc pas perdre de vue que la phrase-clé est un plan de rappel, donc une organisation d'indices; si les indices sont mauvais, l'organisation de mauvais indices ne sera toujours pas efficace...

Subsidiairement, on s'est posé la question de savoir s'il était plus efficace de produire les indices-clés (mot-clé, phrase-clé ...) pour le sujet ou de les lui faire produire. Ayant trouvé que la production subjective (par le sujet) était plus efficace,

Bobrow et Bower (1969) ont émis l'hypothèse que la production subjective augmentait la compréhension et donc la rétention. Mais d'autres auteurs trouvent le résultat inverse (Pines et Blick, 1974), à savoir que le rappel est meilleur quand les indices-clés sont fournis par l'expérimentateur. Après avoir inspecté le matériel verbal de plusieurs expériences, il me semble que les différences de résultats pourraient être dues au degré de liaison sémantique entre les mots à apprendre. Dans les expériences où la production par le sujet est plus efficace, la liaison entre les mots paraît assez forte, par exemple «vache-balle», «microscope-bactérie», tandis que la liaison paraît plus faible dans le cas où la production du sujet n'est pas efficace, «buffet-volcan, éternité-cobalt». On peut donc penser que lorsque la liaison est forte, le sujet parvient facilement à construire une phrase qui intègre les éléments, tandis que ce codage est trop compliqué à effectuer dans les temps de l'expérience lorsque la liaison est faible; dans ce dernier cas, utiliser les phrases-clés fournies par l'expérimentateur est plus aisé et efficace.

Etudier les phrases-clés à partir de listes de mots fabriqués, est nécessaire pour pouvoir manipuler certains facteurs, nombre de lettres servant comme indices, etc. Mais ces études ne permettent pas de dire avec certitude si certaines phrases-clés utilisées dans la vie courante sont efficaces ou non. C'est cette étude que j'ai réalisée avec Elisabeth Leblanc (Lieury, 1980). Nous avons choisi quatre phrases-clés qui sont présentées ci-dessous avec les éléments que ces phrases permettent d'intégrer:

Liste	Phrase-clé
	périodes géologiques de l'ère primaire
*cambr*ien	*Cambr*onne
*silu*rien	*s'il eût* (prononcer la liaison: silu)
*dévo*nien	été *dévo*t
*carboni*fère	n'eut pas *carboni*sé
*per*mien	son *père*.
	sept merveilles du monde
*P*yramide d'*E*gypte	*P*our *é*tendre la
*P*hare d'*A*lexandrie	*p*opularité, *a*vec
*J*ardins de *B*abylone	*g*énie et *b*rio,
*T*emple de Diane à *E*phèse	du *t*héâtre de son *é*poque,
*M*ausolée	*M*olière
*Z*eus de *P*hidias	*s*atura de *p*ièces
*C*olosse de *R*hodes	la *c*our du *R*oi.
	échelle de dureté de Mohs
*t*alc	*t*a
*g*ypse	*g*rande
*c*alcite	*c*ousine
*f*luorine	*f*ollement
*a*patite	*a*moureuse
*o*rthose	*o*se
*q*uartz	*q*uémander
*t*opaze	*t*es
*c*orindon	*c*aresses
*d*iamant	*d*ivines
	nerfs crâniens
*o*lfactif	*O*h
*o*ptique	*O*scar,
*m*oteur (oculaire commun)	*m*a
*p*athétique	*p*etite
*t*rijumeau	*t*héière
*m*oteur (oculaire externe)	*m*e
*f*acial	*f*ait
*a*uditif	*à*
*g*losso-pharyngien	*g*rand
*p*neumo-gastrique	*p*eine
*s*pinal	*s*ix
*g*rand hypoglosse	*g*rogs.

Les quatre phrases testées concernent les périodes géologiques de l'ère primaire, les sept merveilles du monde, l'échelle de dureté des minéraux de Mohs, et les douze nerfs crâniens.

Dans un groupe de sujets, les phrases étaient données lors de la mémorisation, c'est le groupe « phrases », tandis que les sujets du groupe contrôle ne disposaient d'aucune aide pour apprendre les quatre listes. Nous avons demandé aux sujets d'apprendre les listes jusqu'à une récitation parfaite et nous avons mesuré le temps de cet apprentissage pour les quatre phrases. Pour les « périodes géologiques » et les « nerfs crâniens » il n'y avait pas de différence de temps entre le groupe phrase et le groupe contrôle. En revanche, le groupe phrase est beaucoup plus lent (2 fois plus) en ce qui concerne l'apprentissage des « sept merveilles » et l'« échelle de Mohs ». Ensuite, nous avons effectué un rappel après une semaine. Puisqu'il s'agit de plans de rappel, aucune des phrases n'étaient fournies même aux sujets du groupe « phrase ». Les résultats en pourcentage sont indiqués dans le tableau 10 :

	périodes géologiques	sept merveilles	échelle de Mohs	nerfs crâniens
phrase-clé	88 %	77 %	78 %	67 %
contrôle	52 %	57 %	58 %	27 %

Tableau 10. Efficacité de quatre phrases-clés.

Les résultats indiquent que les phrases-clés « périodes géologiques » et « nerfs crâniens » sont très efficaces. La différence avec le groupe contrôle pour les deux autres phrases n'est en revanche qu'une apparence car le test statistique montre que cette différence n'est due qu'à trop peu de sujets par groupe. D'ailleurs, il faut mettre ce résultat en relation avec le fait que l'apprentissage pour les phrases « sept merveilles » et « échelle de Mohs » a nécessité deux fois plus de temps que dans le groupe contrôle. Afin d'expliquer ce piètre résultat, on peut suggérer les interprétations suivantes : pour les sept merveilles du monde, il paraît probable que la phrase-clé est trop longue, c'est-à-dire que le nombre de mots de remplissage est trop important ; ensuite, on constate que chaque « merveille » est un élément complexe, ainsi se rappellera-t-on peut-être d'une statue de Zeus mais non de « Phidias ». Je pense qu'une phrase-clé plus courte ne codant que sept mots importants, «pyramide, phare, jardin...», serait plus efficace. En ce qui concerne la phrase sur l'échelle de Mohs, la difficulté réside probablement dans l'apprentissage des éléments eux-mêmes; en effet, la phrase-clé paraît bien conçue et ne contient pas de mots de remplissage qui pourraient surcharger la mémoire. Ce sont donc sans doute des mots comme «corindon, orthose, apatite, etc.», qui sont méconnus des étudiants de psychologie (qui ont servis comme sujets) qui sont trop difficiles à rappeler avec une seule lettre comme indice. Si «corindon» est très peu connu d'un sujet, comment la lettre «c» de «caresses» pourrait-elle suffire à le rappeler. En revanche, les noms des nerfs crâniens sont mieux connus des étudiants de psychologie et la phrase-clé apparaît être très efficace. L'efficacité de la phrase sur les périodes géologiques me paraît être due au fait que des syllabes, et non de simples initiales, sont utilisées dans la phrase-clé. Plus l'indice phonétique utilisé dans la phrase-clé est riche et plus l'efficacité du procédé est grande.

Conclusions pratiques:

Pour qu'une phrase-clé soit efficace, il semble nécessaire de remplir trois conditions:
1. Il faut que les éléments à mémoriser soient préalablement connus: il faut de bons éléments.
2. Il faut que les indices phonétiques soient les plus riches possibles; on préfèrera la première syllabe à l'initiale: il faut de bons indices.
3. Il est nécessaire que la phrase-clé ne contienne pas trop de mots de remplissage, sinon il y a surcharge en mémoire: il faut un bon plan.

2. Le résumé

Si l'on essaie de satisfaire au maximum aux deux dernières conditions, on devrait aboutir à un plan de rappel idéal... Tout d'abord, prendre les indices phonétiques les plus riches, c'est le mot (ou l'expression) tout entier. Donc dans un texte contenant des éléments importants, il faudra conserver tous ces éléments. Ensuite, deuxième condition, supprimer tous les mots de remplissage; cela conduit à extraire les mots (ou expressions) importants et à supprimer ceux que l'on peut déduire ou transformer. Ce plan de rappel idéal est en fait très connu et son usage est très répandu, c'est le résumé.

De ce point de vue l'étude scientifique du résumé est importante et certains chercheurs ont déjà mis en évidence des résultats intéressants. Ainsi, Jean-François Vezin, Odile Berge et Panicos Mavrellis (1973), ont étudié le rôle du résumé et de la répétition en fonction de leur place par rapport au texte. Le texte concernait l'adaptation chez les animaux et a été présenté à des élèves de CM2 (11 ans environ). Le texte est constitué de 8 affirmations générales et 16 exemples. Le résumé comprend toutes les affirmations générales mais non les exemples, et ce résumé est présenté soit avant la lecture du texte, soit après. Le résumé peut également être présenté après chaque partie, et dans ce cas, une seule affirmation générale est donnée après chacune des 8 parties. Dans d'autres conditions, le texte tout entier est répété, ou chaque partie est répétée. Les résultats indiquent que les résumés placés après les parties ou après le texte sont plus efficaces que le résumé placé avant le texte. Si l'on s'intéresse au nombre de mots rappelés, la répétition du texte tout entier est meilleure, mais si l'on s'intéresse au degré de généralité des énoncés rappelés, le résumé donne des résultats supérieurs.

3. Le langage fonctionne comme un plan de rappel

Dans une expérience aux résultats très spectaculaires, Bower et Clark (1969) montrent que l'histoire-clé peut être une technique très efficace. 12 listes de 10 mots concrets sont mémorisés au cours de 12 essais successifs. Dans la condition expérimentale, les sujets sont invités à inventer une histoire qui relie les mots de la liste tandis que les sujets du groupe contrôle apprennent les mots sans consigne particulière. Lors d'un rappel final, les sujets doivent rappeler toutes les listes. Toutefois, précision très importante, les sujets du groupe « histoire » sont aidés au rappel par la présentation du premier mot de chaque liste comme indice de rappel. Ce rappel est de 93 % pour le groupe « histoire » et seulement de 13 % pour le groupe contrôle. La différence est tellement énorme qu'il est intéressant de chercher à en savoir plus. Tout d'abord, il faut rappeler que le groupe « histoire » bénéficie non seulement d'un plan de rappel, l'histoire elle-même, mais aussi d'indices de rappel. D'autre part si l'on analyse un exemple représentatif d'histoire inventée par les sujets, on constate que l'histoire est structurée en 3 phrases de 3 mots environ, ce qui a pour avantage de ne pas surcharger la mémoire à court terme (3 + 3 = 6, ce qui est inférieur à la capacité limite moyenne de 7): « un VEGETAL peut être un INSTRUMENT utile pour un COLLEGE d'étudiants. Une carotte peut être un CLOU pour votre CLOTURE ou BASSIN. Mais un MARCHAND de la REINE voudra mesurer cette clotûre et donner la carotte à la CHEVRE ».

Cette structure de 3 phrases de 3 mots était-elle le produit d'un hasard ou une structure optimale correspondant au langage naturel. On constate en effet que la lecture d'un texte est en général plus facile si les phrases sont courtes. Avec Marie-Françoise Le Coroller et Ouali Athmane, nous avons effectué deux expériences pour analyser plus systématiquement le rôle du nombre de phrases et le rôle des indices pour une liste constante de mots. Dans une première expérience, une liste de 24 mots était présentée à différents groupes avec un nombre croissant de phrases: 0 phrase, c'est-à-dire 24 mots séparés, 2 phrases de 12 mots, 4 phrases de 6 mots, 6 phrases de 4 mots et enfin 12 phrases de 2 mots. On pouvait s'attendre à ce que les conditions extrêmes produisent un médiocre rappel; la condition 0 phrase car les 24 mots dépassent la capacité de la mémoire à court terme, la condition de 12 phrases parce que le nombre de phrases dépasse cette même capacité. Cela se vérifie mais très faiblement. Par exemple, le rappel est de 13 mots dans la condition 4 phrases et il est seulement de 11,5 pour la condition 0 phrase et 12 pour la condition 12 phrases. Une surprise a été pour nous de constater que la condition 2 phrases de 12 mots était aussi efficace que la condition 4 phrases de 6 mots. Cela est dû au fait que les longues phrases sont naturellement composées de deux ou plusieurs propositions; la condition 2 phrases représente donc en fait une condition 4 propositions de 6 mots.

En fonction de ce qui a été dit sur les indices, on peut penser que les difficultés de rappeler les différentes phrases ne sont pas du même ordre. Lorsqu'il y a une liste de 2 phrases de 12 mots, la surcharge concerne les mots, non le thème des phrases puisqu'il n'y en a que deux. A l'inverse, pour la condition 12 phrases de 2 mots, la surcharge ne concerne pas les mots, mais le nombre de thèmes, 12. Si l'on présente lors de la mémorisation les phrases avec une expression désignant le thème de chaque phrase, et que l'on présente au rappel (comme Bower et Clark) les thèmes comme indices de rappel, on peut prévoir que le rappel sera fonction du nombre de thè-

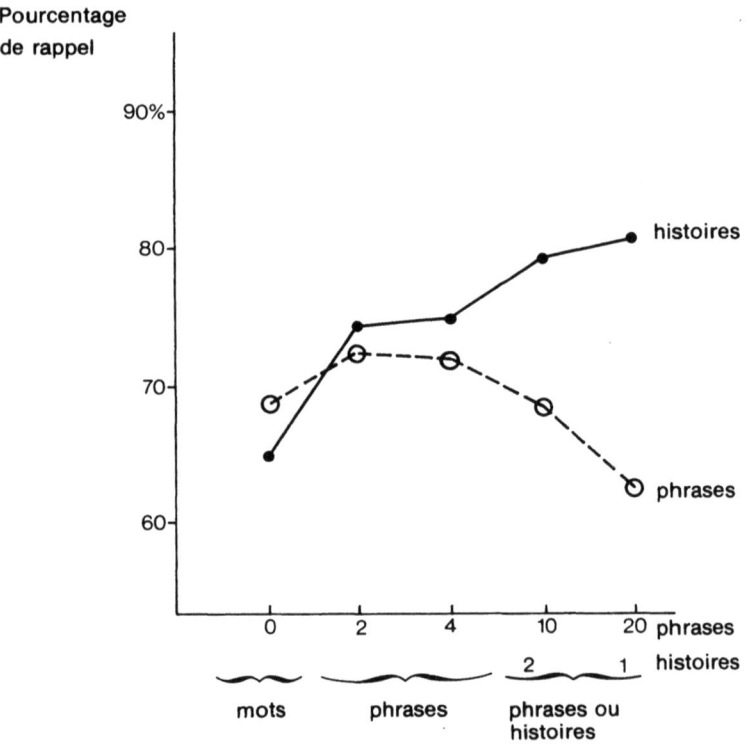

Figure 9. Pourcentage de rappel d'une même liste de 20 mots selon que la liste est intégrée en phrases ou en histoires (d'après Lieury, Athmane et Le Coroller).

mes, donc de phrases. C'est ce qui se produit en effet : le rappel est de 10,7 mots pour la condition 0 phrase (c'est-à-dire 0 thème) et augmente jusqu'à un rappel de 14,3 mots pour la condition 12 phrases. Ces résultats ressemblent aux résultats de Crovitz sur la méthode des lieux où l'on voyait que le rappel augmentait en fonction du nombre de lieux (fig. 8) : les phrases comme les lieux fonctionnent donc comme des indices catégoriels.

Le rôle d'un plan de rappel est d'organiser les indices de rappel de sorte que leur nombre ne surcharge pas la mémoire. Dans le cas du langage, les phrases peuvent être réunies entre elles dans une histoire si l'on fait en sorte que les thèmes des phrases s'enchaînent. C'est ce que nous avons fait dans une deuxième expérience, où la liste était cette fois composée de 20 mots. Pour un groupe, les listes étaient structurées selon les conditions, 0 phrase, 2, 4, 10 ou 20 phrases. Dans ce cas, nous retrouvons les mêmes résultats que dans la première expérience : le rappel des mots est moins bon pour les conditions extrêmes, 0 phrase de 20 mots et 20 phrases de 1 mot (fig. 9). Dans un deuxième groupe, nous avons transformé la liste de 20 mots en deux histoires, chacune de 5 phrases de 2 mots. Et nous avons transformé la liste de 20 mots en une histoire de 4 phrases de 5 mots chacune. Les résultats (fig. 9) indiquent que les histoires fonctionnent bien comme des plans de rappel et assurent une efficacité du rappel, notamment par rapport à la condition contrôle de 0 phrase.

En somme, les phrases fonctionnent comme des indices catégoriels de rappel et les histoires comme des plans de rappel, et c'est la raison pour laquelle le langage est tant utilisé pour fabriquer des procédés mnémotechniques tels que la phrase-clé et l'histoire-clé.

Chapitre X
Les plans de rappel basés sur la logique

Les opérations logiques sont largement utilisées lors de l'acquisition des connaissances, et il va de soi que l'enfant ne peut acquérir certaines notions sans avoir atteint un certain stade logique. Mais le problème des relations entre mémoire et intelligence est tellement vaste que les chercheurs n'en sont qu'au début de son étude (voir par exemple, Piaget et Inhelder, 1968).

Pour l'adulte (y compris l'adolescent), et indépendamment des capacités logiques qui sont nécessaires pour comprendre la plupart des informations, certaines opérations logiques sont très souvent utilisées dans la mémorisation, et permettent trois types d'organisation, la catégorisation, la classification hiérarchique et la matrice (ou tableau à double entrée).

Les deux premiers types d'organisation ont été étudiés dans la première partie. La catégorisation consiste à faire des classes d'éléments, par exemple des mots, en fonction d'un ou plusieurs traits communs. Cette activité est acquise assez tôt dans l'enfance (entre 4 et 7 ans) et est développée à l'école de sorte que de nombreuses catégories naturelles sont stockées en mémoire, les animaux, plantes, instruments, sports, etc. Ces catégories stockées sont à nouveau utilisées à chaque apprentissage pour organiser un texte ou une liste. Nous avons vu dans la première partie que l'organisation catégorielle était extrêmement efficace. Elle l'est plus encore, nous l'avons vu également, lorsque l'on fournit au rappel des indices catégoriels. Par exemple, dans l'expérience de Tulving et Pearlstone, le groupe rappel indicé rappelle environ deux fois plus de mots que le groupe contrôle. Une condition à respecter pour qu'un indice catégoriel soit très efficace est de ne pas dépasser 3 ou 4 éléments par indice, car dans le cas contraire, il n'y a plus de place en mémoire à court terme pour stocker temporairement des indices.

Le principal moyen utilisé pour éviter une surcharge d'indices dans la mémoire à court terme (outre celui d'écrire les indices), c'est de regrouper certains indices dans une catégorie supérieure. Par exemple, si ma liste contient des poissons, des oiseaux, je peux faire une super-catégorie qui regroupera ces deux indices. L'emboîtement des catégories conduit à un plan de rappel très simple et très efficace. L'expérience de Bower et ses collègues (voir première partie) indique que le groupe qui mémorise une liste organisée hiérarchiquement, réussit au rappel trois fois mieux qu'un groupe contrôle qui apprend les mots mélangés. Le plan hiérarchique est certainement le plan de rappel le plus efficace et le plus utile.

Il est le plus efficace car il correspond très probablement à un mode d'organisation d'un très grand nombre d'informations stockées en mémoire (Collins et Quillian, 1969, 1970; voir Lieury, 1975). Il est très efficace également parce qu'il correspond à une activité logique possible dès 7 ou 8 ans. Il est très efficace enfin car il organise un grand nombre d'éléments avec un minimum d'éléments de surcharge; en outre ces éléments de surcharge sont sémantiquement liés à ce qu'il faut apprendre, ce qui n'est pas le cas dans la plupart des autres plans de rappel, méthode des lieux, phrase-clé ou table de rappel.

Le plan de rappel hiérarchique est également très utile. En effet, il ne suffit pas qu'un procédé soit efficace, il faut qu'il soit utile, c'est-à-dire qu'il puisse être utilisé dans les conditions ordinaires de la vie, au bureau, à l'école, etc. Or l'organisation hiérarchique est très souvent utilisée. C'est par exemple la classification, largement utilisée en zoologie, botanique, etc. C'est le tableau synoptique (voir un exemple dans la conclusion), c'est la classification pyramidale ou en arbre, etc. C'est encore le plan hiérarchique qui est utilisé dans le plan d'un cours ou d'un livre (de ce livre par exemple). Enfin, bien que la hiérarchie ne soit pas la seule opération logique mise en jeu, elle est souvent une opération fondamentale dans le découpage d'un texte en idées-clés, ou dans la construction d'un organigramme.

Le troisième mode d'organisation important pour la mémorisation et l'apprentissage est la matrice, ou tableau à double entrée. Le tableau fournit un plan de rappel très intéressant dans la mesure où il correspond mieux parfois, à l'organisation logique sous-jacente de l'information; il est fort utile par exemple, pour présenter des résultats chiffrés (voir les tableaux de ce livre). De plus, comme l'ont montré D. Broadbent, P.J. Cooper et M.H.P. Broadbent (1978), le tableau requiert moins d'indices et sa disposition en rappelle le nombre (un peu comme le nœud au mouchoir). Les auteurs, chercheurs à l'Université d'Oxford, ont tout d'abord comparé le rappel d'une liste de 16 éléments présentée sous forme d'une hiérarchie pour un groupe de sujets, et présentée sous forme d'un tableau à un autre groupe. Voici deux exemples :

HIERARCHIE

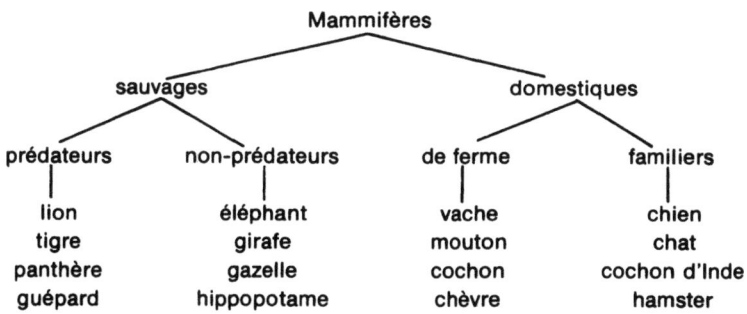

TABLEAU

	mammifères	oiseaux
de ferme	vache mouton cochon chèvre	poulet dinde canard oie
familiers	chien chat cochon d'Inde hamster	perruche canari perroquet tourterelle

(D'après Broadbent et coll., 1978).

Dans les deux cas, les sujets ont à mémoriser 16 mots mais le nombre d'indices à mémoriser n'est pas le même : dans la hiérarchie, il y a 7 indices à mémoriser, tandis que dans le tableau, il n'y en a que 4. Voici dans le tableau 11, les résultats de la comparaison de ces deux plans de rappel; le pourcentage de rappel des mots est distingué de celui des indices. D'autre part, il y a également une condition contrôle dans laquelle les mots et les indices sont présentés dans un tableau mais sans logique puisque ces mots et indices sont prélevés au hasard dans plusieurs tableaux qui servent dans l'expérience.

Rappel	Tableau	Hiérarchie	Contrôle
indices	86 %	82 %	51 %
mots	65 %	64 %	29 %

Tableau 11. Comparaison de l'efficacité du tableau et de la hiérarchie, (d'après Broadbent et coll., 1978, exp. I).

Les résultats indiquent que l'efficacité du tableau et de la hiérarchie est la même, que ce soit pour le rappel des mots de la liste ou que ce soit pour les mots-indices. Dans le cas du rappel des mots de la liste, l'efficacité des deux plans de rappel logiques, par rapport au groupe contrôle, est très grande puisque le rappel est double. On notera que, quel que soit le type de plan, le pourcentage de rappel est plus important pour les indices de rappel que pour les mots de la liste. Ceci est conforme à ce qui a été dit des indices catégoriels qui représentent les symboles des catégories qui sont apprises; la probabilité qu'ils soient en mémoire à court terme au moment du rappel est grande.

Au total, la logique fournit des indices de rappel, les indices catégoriels, et des plans de rappel, la hiérarchie et le tableau, qui sont très efficaces. Leur efficacité provient sans doute du fait qu'ils minimisent la surcharge en mémoire et d'autre part vient du fait qu'ils correspondent à des opérations fondamentales de l'organisation en mémoire. On peut dans ce sens voir dans les mathématiques, le code qui correspond à la logique humaine. Son efficacité proviendrait du fait qu'elles correspondent aussi à la «logique» de notre cerveau et aussi du fait qu'elles fournissent un grand nombre de «programmes» vides que l'on peut remplir avec des informations très variées. Les mathématiques, par exemple l'algèbre, peuvent probablement être utilisées comme plans de rappel, mais je ne pense pas que cette question ait été étudiée. Par exemple, l'algèbre peut permettre de coder sous forme symbolique l'énoncé d'un problème; se rappeler de la formulation algébrique est certainement plus facile que de se rappeler du texte du problème; de même pour des résultats scientifiques; qui ne connaît pas la célèbre formule $E = mc^2$? ...

Chapitre XI
Les plans basés sur un code chiffre-lettre

Richard Grey puis Grégoire de Feinaigle ont utilisé un code chiffre-lettre afin de coder en mots et en phrases des séquences de chiffres. La phrase-clé (ou les phrases-clés) qui résulte de ce codage est appelée la formule.

L'abbé Moigno (1879) à qui l'on attribue à tort l'invention de ce procédé (comme beaucoup d'autres), a néanmoins utilisé le procédé de la formule d'une façon pour le moins extraordinaire. Il a réussi à coder puis apprendre treize phrases-clés qui codent 127 décimales du nombre Pi. Le code utilisé est celui de A. Paris.

J'ai voulu tester l'efficacité de la formule de Moigno, non parce qu'il est utile à notre époque de connaître un grand nombre de décimales du nombre Pi (n'importe quelle calculatrice en donne 6 ou 7), mais parce que la mémorisation d'une longue séquence de chiffres paraît être un test très représentatif de l'efficacité de n'importe quelle phrase-clé basée sur le code chiffre-lettre. Toutefois, pour ne pas martyriser les étudiants qui se sont proposés pour l'expérience, la séquence ne comportait que 19 chiffres, c'est-à-dire seulement les deux premières phrases-clés de la formule Moigno :

Maint terriers de lapin ne gèlent
3 14 1 5 9 2 6 5

Ma loi veut bien; combats mieux, ne méfaits.
3 5 8 9 7 9 3 2 3 8

Pour le groupe contrôle, une première phase, une semaine avant l'expérience, a consisté en la présentation du code chiffre-lettre; les étudiants ont eu pour consigne d'apprendre par cœur le code et de s'entraîner à coder des numéros ou à décoder des mots. Une semaine après, j'ai contrôlé le niveau de leur acquisition en leur présentant 10 mots de deux syllabes, toutes les 5 secondes; leur tâche était de décoder chacun de ces mots dans le numéro correspondant. Seuls dix étudiants sur vingt s'étaient suffisamment entraînés pour arriver à décoder au moins 8 mots sur 10. Ces étudiants, constituant le groupe expérimental, ont disposé de 2 minutes (soit environ 6 s par chiffre) pour mémoriser les 19 chiffres de Pi dans l'ordre, en s'aidant de la formule Moigno. Pour le groupe contrôle, la procédure était plus simple; les étudiants n'avaient pas entendu parler du code chiffre-lettre et ils devaient mémoriser les mêmes 19 chiffres dans le même temps que le groupe expérimental; je leur demandai néanmoins de mémoriser ces chiffres dans l'ordre.

Pour le rappel, les sujets devaient tracer un tableau de deux lignes de 10 cases de manière à rappeler les 19 chiffres dans l'ordre. Les pourcentages de rappel dans l'ordre sont indiqués pour les deux groupes dans le tableau 12.

	Délai de rappel			
groupe	immédiat	1 heure	2 semaines	6 semaines
« formule »	97 %	86 %	64 %	78 %
contrôle	86 %	80 %	50 %	42 %

Tableau 12. Efficacité de la formule de Moigno pour le rappel de 19 chiffres du nombre Pi (d'après Lieury, 1980).

Les résultats montrent que la formule est réellement efficace, mais cette efficacité apparaît surtout pour un délai de plusieurs semaines; là le rappel est presque le double par rapport à la condition contrôle.

En fonction de ces résultats, on peut penser que l'utilisation du code chiffre-lettre peut rendre quelques services en tant qu'aide de la mémoire dans les circonstances (heureusement rares) où il faut savoir par cœur certains numéros. Cela dit, il faut noter au vu des résultats précédents, que contrairement à beaucoup de publicités, le procédé n'assure tout de même pas un rappel parfait, même après quelques semaines. Et pourtant, les sujets de l'expérience paraissent avoir une mémoire excellente, au vu des résultats du groupe contrôle (86 % de rappel immédiat). Les plans de rappel maximisent le fonctionnement de la mémoire mais ils n'en subissent pas moins les lois de l'oubli.

Pour finir, j'ai comparé sur moi-même l'efficacité du décodage de la formule Moigno avec celle d'une méthode très connue qui consiste à coder chaque chiffre du nombre Pi par le nombre de lettres d'un mot. Cette méthode aboutit à la phrase-clé bien connue « Que j'aime à faire connaître ce nombre utile aux sages ». Les deux inconvénients immédiatement apparents dans cette méthode, c'est qu'il faut se rappeler si les mots sont au singulier ou au pluriel car cela retranche ou ajoute une unité : par exemple, « au sage » donne « 24 », tandis que « aux sages » donne « 35 » après le décodage. Ensuite, il semble que la vitesse de décodage sera fonction du nombre de lettres du mot, puisque la plupart du temps, il faut énumérer les lettres tout en comptant sur ses doigts. Après m'être entraîné au code chiffre-lettre, et après avoir appris trois phrases de la formule Moigno, j'ai chronométré le temps du décodage et j'ai trouvé un temps de 48 secondes pour les 29 chiffres du nombre Pi, c'est-à-dire en moyenne 1,65 seconde par chiffre. Avec la méthode du nombre de lettres, ma vitesse de décodage a été de 55 secondes pour 11 chiffres, soit une moyenne de 5 secondes par chiffre, ce qui est nettement plus long. Donc le code chiffre-lettre paraît être un code plus efficace; mais d'un autre côté, la méthode du nombre de lettres ne requiert pas l'acquisition préalable d'un code, et c'est sans doute pour cette raison que ce procédé est plus connu.

Chapitre XIII
La table de rappel, ou peut-on rappeler 100 mots dans l'ordre ?

Rappeler des mots dans l'ordre n'est pas chose facile car lors de la mémorisation, l'ordre est « cassé » à cause de deux mécanismes : le premier, c'est la capacité limite de la mémorisation qui produit un meilleur enregistrement des mots du début et de la fin d'une liste (voir 1re partie) ; le deuxième mécanisme, c'est celui de groupement qui apparaît être le mode d'organisation le plus élémentaire de la mémoire. Si l'on se reporte, dans la première partie de ce livre, à la liste apprise pour illustrer l'organisation subjective, on constate que les groupements de mots respectent des associations sémantiques (parfois phonétiques) au détriment de l'ordre des mots. Il est d'ailleurs curieux de constater que le mnémoniste Veniamin, qui avait une mémoire prodigieuse, était capable de rappeler dans l'ordre des listes de mots, mais qu'à l'inverse il était incapable d'identifier la présence de catégories sémantiques.

Dans ces conditions, l'invention d'une méthode qui permet théoriquement de mémoriser jusqu'à 100 mots est étonnante. Cette méthode existe pourtant, c'est la table de rappel et elle fut inventée par Grégoire de Feinaigle (vers 1800). Le principe de cette table est d'utiliser le code chiffre-lettre afin de construire des mots-clés qui codent les numéros de 1 à 100. Ces mots-clés fonctionnent alors comme des indices de rappel numéraux, qui permettent non seulement d'accrocher des mots nouveaux, mais surtout de coder leur position numérale dans la liste. Au XIXe siècle, on ne parlait pas bien entendu d'indices numéraux, mais de points de rappel. Je présenterai plus loin une table complète de 1 à 100, mais à titre d'exemple, le mot «dé» peut coder la position n° 1, le mot «date» le n° 11, le mot «pape» le n° 99, si l'on prend pour base le code chiffre-lettre d'Aimé Paris.

Si Feinaigle est l'inventeur de la table de rappel basée sur le code chiffre-lettre, nous avons vu au cours de l'historique que des tables plus simples, basées sur l'image, existaient deux siècles plut tôt: le principe était alors de coder les numéros par des images d'objets, par exemple, 1-cierge, 2-cygne, etc. Mais la limite de cette table c'est qu'il est très difficile de trouver des images pour de nombreux numéros. Nous verrons également plus loin une table basée sur des associations phonétiques entre chiffres et indices, un-pain, deux-nœud, trois-noix, mais il est également difficile de trouver des indices pour beaucoup de numéros. Une fois découvert le principe de coder les numéros par des mots ou des images, il est évident que l'on peut trouver de nombreuses tables, d'où les soit-disant inventeurs en la matière: nous verrons par exemple, le système farfelu d'un Américain qui utilise des parties de la voiture pour coder les numéros; un-volant, deux-phares, trois-pare-chocs, etc.

- Les tables sont-elles efficaces ?

Depuis 1965, certains chercheurs américains se sont intéressés à la vérification de l'efficacité de quelques tables de rappel, proposées par des mnémonistes américains. On verra que dans leur principe ces tables dérivent de celles inventées par Feinaigle.

Richard Smith, de l'Université d'Etat du Montana, et Clyde E. Noble, de l'Université de Géorgie, semblent être les premiers à avoir étudié expérimentalement une table de rappel (1965). La table utilisée est celle du mnémoniste américain

Furst (1957), mais il s'agit en fait d'une table de type Feinaigle-Paris, puisque les consonnes qui débutent les indices sont celles du code d'Aimé Paris:

	1	2	3	4	5	6	7	8	9	10
	tea	Noah	May	ray	law	jaw	key	fee	bay	toes
(en français :	thé	Noé	Mai	raie	loi	mâchoire	clé	fief	baie	orteils)

Le groupe expérimental doit apprendre (en 20 essais) une liste de mots, dans l'ordre, en s'aidant des mots de la table de rappel, tandis que les sujets du groupe contrôle doivent apprendre chaque mot de la liste en l'accrochant au mot précédent. Le rappel, 24 heures plus tard, est dans l'ordre; si le sujet échoue à donner un mot, on lui donne et il doit rappeler le mot suivant (cette méthode de rappel est appelée méthode d'anticipation). La procédure de rappel, par anticipation, n'est pas très bonne à mon avis car elle ne teste pas un rappel numéral, permis par la table de rappel et très difficile sans elle. Quoi qu'il en soit, le rappel est meilleur pour les sujets qui se sont servis de la table par rapport aux sujets contrôles.

Un autre type de table est basé sur les associations phonétiques entre certains mots et les numéros de 1 à 10. D'après Middleton, ce procédé aurait été introduit vers 1879 par l'Anglais John Sambrook, et il semble très populaire aux Etats-Unis puisqu'il est cité par de nombreux chercheurs. Allan Paivio rapporte par exemple que ce procédé est réutilisé par Dale Carnegie dans sa méthode, pour apprendre à parler en public. Le procédé ne semble pas connu en France, mais il est de même nature que la comptine, petite chanson qui aide les enfants à apprendre à compter:

un deux trois, nous allons au bois
quatre cinq six, cueillir des cerises
sept huit neuf, dans mon panier neuf
dix onze douze, elles seront toutes rouges.

Bugelski, Kidd et Segmen (1968) de l'Université d'Etat de New York à Buffalo, ont expérimenté soigneusement un tel procédé. Leur table comporte dix indices numéraux qui riment avec les chiffres de 1 à 10; l'équivalent français donne des indices comme: un-pain, deux-nœud, trois-noix... Les sujets du groupe « table » apprennent les dix indices numéraux par cœur, puis on donne une liste de 10 mots nouveaux avec la consigne de les intégrer aux indices : par exemple, si le premier mot de la liste est « stylo », on peut l'intégrer à « pain » (n° 1) en imaginant un stylo dans un sandwich. Les sujets du groupe contrôle n'ont aucune aide pour apprendre dans l'ordre la même liste. Chaque groupe est subdivisé en trois sous-groupes de façon à tester trois vitesses de présentation. Ce facteur est très important à tester car, nous l'avons vu à propos des images, l'utilisation d'un procédé mnémotechnique requiert environ 5 secondes pour permettre un rappel efficace. Les résultats sont indiqués dans le tableau 13 :

	Temps de présentation (par mot)		
	2 s	4 s	8 s
groupe « table »	44 %	79 %	97 %
groupe contrôle	43 %	62 %	73 %

Tableau 13. Efficacité d'une table basée sur les rimes, pour différents temps de présentation (d'après Bugelski et coll., 1968).

Le rappel se fait par sondage numéral, ce qui est un excellent test pour le procédé de la table : l'expérimentateur donne au hasard un chiffre (de 1 à 10) et le sujet doit donner le mot de la liste qui avait cette position ; un mot dans la bonne position est compté pour 1 point, alors qu'un mot dans la mauvaise position n'est compté que pour 1/2 point. Les résultats indiquent clairement que la table, basée sur les rimes, est efficace ; mais on constate également qu'un temps de présentation d'au moins 4 secondes par élément, est une condition absolument nécessaire de l'efficacité de la table. Nous retrouvons donc là la nécessité d'un temps d'environ 5 secondes chaque fois qu'il faut utiliser un procédé mnémotechnique, code, indice, ou plan.

Dennis L. Foth, de l'Université de la Colombie britannique à Vancouver, au Canada, a eu l'idée de comparer l'efficacité de plusieurs tables de rappel : celle basée sur le code chiffre-lettre (1-thé, 2-Noé), la méthode des rimes (un-pain ...) et une méthode du mnémoniste américain Hayes qui prend comme indices numéraux, des parties d'une automobile: 1-volant, 2-phares, 3-pare-chocs, 4-roues, 5-portes, 6-vitres, 7-klaxon, 8-frein, 9-pare-brise, et 10-miroir. Ce système est hautement fantaisiste, car il n'y a aucun rapport entre certains numéros et la partie correspondante, par exemple entre 7 et klaxon, ou entre 8 et frein. L'auteur compare en outre deux types de médiation pour la méthode des rimes; dans un groupe, on demande aux sujets d'intégrer les mots aux indices à l'aide d'une image (médiation imagée) et dans un autre groupe, on demande aux sujets d'imaginer une phrase (médiation verbale). Les résultats montrent que toutes les méthodes sont également efficaces par rapport à un groupe contrôle, excepté la méthode farfelue de Hayes qui ne fournit aucune aide. L'auteur teste également ces méthodes pour une liste de mots abstraits, mais cette fois, aucune méthode n'est efficace par rapport à des sujets contrôles ayant mémorisé les mêmes mots abstraits.

Ainsi, les tables de rappel sont efficaces, au moins pour des listes de mots concrets. Néanmoins, les listes testées n'excèdent pas 10 mots et l'on peut se demander quelle serait l'efficacité d'une table de rappel dépassant dix indices numéraux. Persensky et Senter (1969) ont testé l'efficacité d'une table de rappel sur la mémorisation de listes de 20 mots. Les mots sont rappelés dans 20 cases sur un carnet de réponses et seuls les mots dans leur bonne position sont comptés dans le rappel. Les sujets sont des aviateurs de l'armée. Une fois encore, l'emploi de la table de rappel facilite le rappel dans l'ordre, le rappel est de 93 %, tandis qu'il n'est que de 34 % pour les sujets du groupe contrôle. Les auteurs avaient également inclu une condition intéressante dans laquelle les sujets avaient sous les yeux la liste des indices numéraux pendant toute la durée de l'expérience. Or les résultats montrent que les sujets de cette dernière condition n'ont pas un rappel supérieur à celui des sujets qui avaient appris par cœur les indices de la table. Ainsi, les résultats indiquent qu'une liste d'indices parfaitement apprise ne surcharge pas la mémoire et est aussi efficace que si elle était présentée. A l'inverse, on peut tester une table de rappel en la présentant aux sujets (sur une feuille de papier) lorsqu'il paraît difficile de la faire apprendre; je me servirai de ce résultat dans une expérience que je vais décrire plus loin, et dans laquelle, la table paraissait si difficile que j'ai renoncé à la faire apprendre par cœur aux sujets (voir: table Moigno).

– *Les tables de rappel et l'oubli*

Les expériences de laboratoire ont démontré que la mémorisation de plusieurs listes de mots (ou d'autres informations) conduisait à un appauvrissement du rappel. Certains chercheurs ont même montré que l'oubli était d'autant plus important que le nombre de listes apprises était grand (pour un résumé de ces recherches, voir Florès, 1964; Lieury, 1975). En somme, plus on apprend et plus on oublie, c'est l'oubli par interférences, car les théoriciens expliquent ce type d'oubli par les interférences que provoquent la formation d'associations multiples en mémoire. Ainsi, la situation où l'interférence est la plus grande, est celle ou des mots sont mémorisés en les accrochant aux mêmes indices. Or cette situation est précisément celle où l'on apprend en s'aidant d'une même table de rappel. La table de rappel est efficace pour mémoriser une liste de mots, mais est-elle encore efficace si les mêmes indices numéraux sont utilisés pour accrocher des mots différents? C'est ce que Bugelski (1968) a voulu expérimenter. Pour cela, il a utilisé la table de rappel basée sur les rimes (1-pain, 2-nœud ...) pour mémoriser six listes de 10 mots. Le groupe «table» et le groupe contrôle mémorisent chaque liste en temps libre (ce temps est chronométré) et il y a un rappel par sondage numéral (l'expérimentateur donne des chiffres au hasard, et le sujet doit rappeler le mot correspondant) après chaque liste. Puis il y a un rappel final, où les sujets doivent rappeler tous les mots de la 1re position des six listes, tous les mots de la 2e position, etc. jusqu'au dixième mot de chacune des six listes.

Les résultats sont indiqués sur la figure 10. Le rappel est toujours supérieur pour les sujets qui ont utilisé la table de rappel par rapport aux sujets du groupe contrôle, mais ce qui est nouveau dans les résultats de cette expérience, c'est que la table de rappel ne permet pas de compenser l'oubli par interférence. Le rappel d'une seule liste dans le groupe «table» est de 90 %, tandis que le rappel n'est plus que de 55 % pour la première

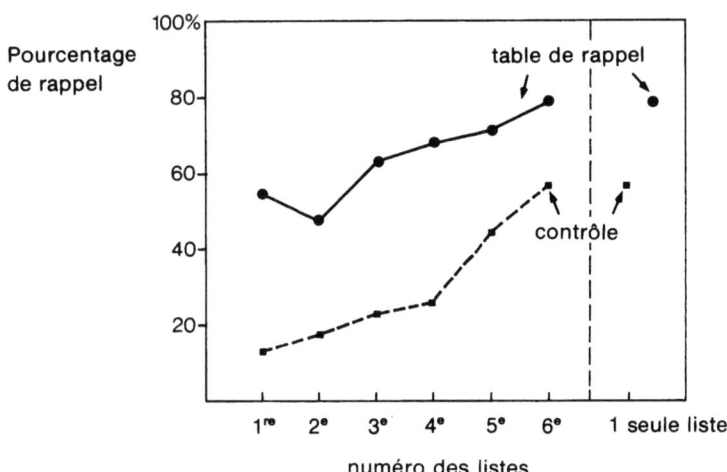

Figure 10. Efficacité de la table de rappel en fonction de l'importance de l'oubli (d'après Bugelski, 1968).

liste lorsque ce rappel a lieu après la mémorisation de cinq autres listes. Certes, ce résultat est meilleur que pour le groupe contrôle qui ne rappelle que 15 % de la première liste. Au total nous pouvons déduire deux conclusions pratiques :
1. la table de rappel améliore le rappel même dans des conditions d'interférence ;
2. mais la table de rappel ne permet pas de compenser l'oubli, même pour des listes de 10 mots seulement.

Il ne faut donc pas croire sur parole les publicités qui présentent les procédés mnémotechniques, notamment la table de rappel, comme des méthodes miracles. Les procédés mnémotechniques sont basés dans tous les cas sur des mécanismes naturels de la mémoire, et donc ils ne permettent pas d'échapper aux lois de fonctionnement de ces mécanismes, en particulier aux lois de l'oubli.

Plusieurs auteurs ont confirmé que les tables de rappel et aussi la méthode des lieux, atténuaient l'oubli mais ne permettaient pas de le supprimer. Bower et Reitman (1972) ont par exemple montré que l'oubli par interférence était assez complexe car si l'oubli est plus important pour la première liste lorsque le rappel général se situe après la dernière liste (comme dans Bugelski), on observe le phénomène inverse après une semaine; l'oubli augmente de la première liste à la dernière. Ces différences sont probablement dues au fait qu'en rappel après la mémorisation, de nombreux indices de rappel sont conservés en mémoire à court terme, notamment les indices des dernières listes qui sont les plus récents (voir l'effet de récence dans la première partie). Après un long délai, la mémoire à court terme a été « vidée » et seuls les indices stockés dans la mémoire à long terme permettent le rappel; or nous avons vu dans la première partie de ce livre que les premiers éléments étaient les mieux rappelés après un délai. Bower et Reitman ont montré que l'oubli pouvait être atténué par l'adoption d'une stratégie d'intégration. Imaginons par exemple, que les premiers mots de plusieurs listes soient « chien, cigare, bicyclette, chapeau... », on essaiera alors d'intégrer à l'indice numéral « pain » (qui code le numéro 1) tous les mots : par exemple, on imaginera une image d'un chien avec un chapeau, fumant un cigare, pédalant à bicyclette tout en tenant un pain sous son bras. Cette méthode d'intégration associée soit à la table de rappel (méthode des rimes), soit à la méthode des lieux permet d'améliorer le rappel sans toutefois supprimer totalement l'oubli : après une semaine, le rappel est de 70 % pour la première liste et diminue jusqu'à 40 % pour la dernière liste (il y avait cinq listes dans cette expérience). Malgré cette relative efficacité, il faut bien avouer que cette méthode paraît peu applicable dans la vie courante et conduirait à construire des associations ridicules dans la mémoire.

- *Un exemple à ne pas suivre : la table de Moigno*

Les mnémonistes du XIXe siècle ne se contentaient pas en général de tables de rappel de dix ou vingt indices numéraux mais de tables de cent indices. Afin de construire de telles tables, l'image ou les rimes ne suffisent plus et il faut partir du code chiffre-lettre. En suivant la méthode de Feinaigle ou de Paris, on peut choisir des mots contenant une ou deux consonnes prononçables qui codent les chiffres; voici par exemple quelques indices numéraux de la table Feinaigle :

0 as	10 tison
1 tué	11 tête
2 âne	...
3 ami	34 miroir
4 or	99 pape

Afin de réduire selon lui la difficulté d'une liste de cent indices numéraux, l'abbé Moigno (1879), inventeur fécond en la matière, trouva judicieux de produire une table en faisant les combinaisons de dix noms et dix adjectifs:

0	céleste
1 demeure	tendre
2 nation	noire
3 mission	mauvaise
4 arme	ridicule
5 lumière	lente
6 chose	changeante
7 école	gaie
8 fleur	forte
9 époque	belle

Pour obtenir l'indice codant un numéro, il faut combiner un nom et un adjectif. Par exemple, pour coder le numéro 10, on combinera «demeure» qui code 1 et «céleste» qui code 0. On notera que dans ce système, seule la première consonne du mot code un chiffre, il ne faut pas tenir compte des autres consonnes, contrairement donc au système utilisé par Feinaigle et Paris. Si l'on continue à appliquer le système, on obtient par exemple «nation lente» pour le numéro 25, «école ridicule» pour le numéro 74, etc. Le procédé paraît d'ores et déjà complexe puisque chaque indice comporte deux mots; c'est peut-être pour cette raison que Moigno préconise de dériver un autre mot de ce couple indiciel: par exemple, «demeure céleste» devient «paradis», «demeure noire» devient «tombeau», «nation mauvaise» devient «anthropophages», «arme gaie» devient «épigramme», etc.

Le système m'a paru tellement complexe que dans une expérience que j'ai réalisée avec Joelle Haziza et Dominique

Prieuret, nous avons décidé de ne tester que l'efficacité des combinaisons « nom-adjectif » et seulement pour les quarante premières positions numérales (pour les numéros de 1 à 9, seuls les noms sont utilisés, « demeure » à « époque »). De plus, comme nous ne pensions pas obtenir des sujets qu'ils apprennent par cœur cette liste de 40 indices, nous avons simulé la situation de connaissance parfaite de cette table en laissant aux sujets, la liste de ces 40 indices pendant toute la durée de l'expérience, mémorisation et rappel. Cette procédure ne doit pas avoir d'incidence particulière sur les résultats dans la mesure où, comme nous l'avons vu, Persensky et Senter (1969) ont trouvé des résultats équivalents pour un groupe qui connaît parfaitement une table et un groupe de sujets qui ne connaît pas par cœur la table, mais qui dispose de celle-ci pendant toute la durée de l'expérience.

Bien entendu, dans le groupe « table » les sujets ont été familiarisés avec le code chiffre-lettre et avec le principe de construction des 40 indices numéraux de la table Moigno, et ils gardent sous les yeux la table pendant la mémorisation et le rappel. Dans un groupe contrôle, la mémorisation de la liste de 40 mots se fait sans aide. Enfin, nous avons voulu comparer l'efficacité des indices de la table Moigno, à l'efficacité d'indices de rappel qui présentent une association sémantique moyenne avec les mots cibles, c'est-à-dire des mots à rappeler. Pour les trois groupes, les 40 mots cibles de la liste test sont les mêmes et sont présentés à la vitesse d'environ 4,5 secondes par mot. De plus, nous avons contrôlé que nos sujets des différents groupes avaient la même aptitude à la mémorisation, en leur faisant mémoriser sans aide une liste de 20 mots ; le tableau 14 indique qu'il n'y a pas de différences sensibles.

Afin de pouvoir analyser les causes de l'efficacité ou de l'inefficacité des indices numéraux, nous avons organisé trois types de rappel (sauf pour le groupe contrôle qui n'a pas de rappel indicé, faute d'indices dans cette condition) :

1. un sondage numéral dans lequel l'expérimentateur dicte en désordre les 40 numéros ; le sujet doit y associer le mot cible correspondant ;

rappel	pré-expérience (20 mots) libre	expérience (40 mots) sondage	expérience (40 mots) libre	expérience (40 mots) indicé
groupe contrôle	53 %	15 %	29 %	—
indices sémantiques	58 %	7 %	29 %	51 %
table Moigno	58 %	11 %	22 %	15 %

Tableau 14. Mise en évidence de l'inefficacité de la table Moigno et comparaison de la table avec des indices sémantiques.

2. un rappel libre où les sujets doivent rappeler les mots cibles, sans leur indice, et dans n'importe quel ordre;
3. un rappel indicé où les sujets des groupes « indices » et « table » doivent associer les mots dont ils se souviennent aux indices correspondants, mais sans se soucier de l'ordre.

Les sujets disposent des indices (groupe « table » et groupe « indices ») dans les conditions « rappel numéral » et « rappel indicé » mais non dans la condition « rappel libre ».

Les résultats indiquent clairement que la table Moigno n'apporte aucune aide, bien au contraire puisque le groupe de sujets qui utilise cette table à un rappel inférieur au groupe contrôle, dans toutes les conditions de rappel. A quoi peut-on attribuer cet échec ? La préexpérience nous permet d'affirmer qu'il n'y a pas de différences de performance entre les groupes de sujets lorsque la mémorisation d'une liste de 20 mots se fait dans les mêmes conditions (pas d'indices). La comparaison des résultats de l'expérience proprement dite avec le groupe « indices » est instructive. En effet, alors que des indices sémantiques moyens (du type « fauteuil-journal », « mer-vent », abeille-vitre ») sont très efficaces (51 %) par rapport au groupe contrôle (29 %), les indices numéraux ne permettent qu'un rappel de 15 %, ce qui est encore moins bon que le rappel sans aucune aide, du groupe contrôle. A l'évidence, les indices de la table Moigno sont inefficaces car les sujets ne parviennent pas à intégrer les mots cibles à ces indices; pourquoi, probablement parce qu'ils sont à la fois de nature complexe (formés de deux mots) et qu'ils forment des entités abstraites (arme céleste, nation changeante, etc.), qu'il est très difficile d'intégrer à d'autres mots. Il est clair par ailleurs que si un indice numéral est un mauvais indice de rappel, il ne sert pas à grand chose qu'il évoque la position numérale puisqu'il ne permet pas d'évoquer le mot cible. Ce résultat a une grande importance pratique, car avant d'être un bon indice numéral, il faut choisir ou construire un bon indice de rappel. Les indices de la table de Moigno ne satisfont pas à cette condition et sont inefficaces.

On mesure sur cet exemple, l'intérêt d'une étude expérimentale des procédés mnémotechniques car sans une telle étude, on pourrait croire que la table Moigno est efficace comme d'autres tables. Curieusement, c'est la table la moins efficace de celles que nous avons décrites qui est proposée dans un ouvrage qui connaît une certaine diffusion, il s'agit du livre de Raymond de St-Laurent (1968). Dans ce livre, la table Moigno est la principale table citée (l'autre table est construite autour de son « on », Limon, Renom, Coupon ...) et elle est également empruntée par Paul Chauchard (1968). Mais je crois que le summum du ridicule est atteint par St-Laurent qui, dans son livre, pense qu'une table de rappel de cent noms est insuffisante et qui conseille de combiner la table Moigno aux notions qui ont été apprises et d'en faire une gigantesque table de 10.000 notions : « Reliez à la table «demeure, nation», les seules notions que vous désirez retenir pour toujours. Vous pouvez étendre cette table dans le sens horizontal, de manière à classer 10.000 notions; c'est plus qu'il ne vous en faut » (St-Laurent, 1968, p. 181).

- *La table de type Feinaigle-Paris*

Si la table Moigno est inefficace, c'est en grande partie parce que les indices sont complexes et abstraits. Or avant Moigno,

TABLE DE RAPPEL 171

1 dé	2 nid	3 main	4 roue	5 lion	6 chat	7 gant	8 feu	9 pain	10 tasse
11 date	12 dune	13 dame	14 tare	15 dalle	16 tâche	17 dague	18 duvet	19 taupe	20 nasse
21 natte	22 none	23 nouméa	24 nerf	25 nil	26 niche	27 nougat	28 nef	29 nappe	30 masse
31 mite	32 mine	33 maman	34 mare	35 mâle	36 miche	37 mig	38 mafia	39 mappe (monde)	40 rose
41 rade	42 reine	43 rame	44 rire	45 rallye	46 ruche	47 roc	48 rive	49 râpe	50 lys
51 latte	52 lune	53 lame	54 lyre	55 loulou	56 luge	57 lac	58 lave	59 lapin	60 chasse
61 chatte	62 chêne	63 chameau	64 char	65 châle	66 chéchia	67 chèque	68 chef	69 chope	70 case
71 côte	72 canne	73 gomme	74 gare	75 cale	76 cage	77 gong	78 cave	79 cape	80 vase
81 fête	82 vanne	83 femme	84 phare	85 fil	86 vache	87 vague	88 fief	89 vapeur	90 puce
91 patte	92 panne	93 pomme	94 poire	95 balle	96 page	97 bague	98 bave	99 pape	100 sang

Tableau 15. Table de rappel, inspirée de la méthode Feinaigle-Paris.

Feinaigle et Paris avaient proposé des tables de rappel composées de mots concrets et simples. Il serait donc intéressant d'expérimenter une telle table. Je n'ai pas repris les mots de la table de Feinaigle, mais j'ai construit une autre table en me basant sur les mêmes principes généraux et en ajoutant d'autres règles de construction. Par exemple, chaque mot débute par une consonne et non par une voyelle de façon à faciliter le décodage : par exemple, « roue » me paraît plus facile à décoder en « 4 » que le mot « or », des expériences ayant montré que le début du mot était un meilleur indice que la fin du mot. Mais surtout j'ai essayé de limiter le nombre de règles de codage en construisant chaque fois que c'était possible, un mot de type XaXe, ou les X représentent les consonnes. Ainsi, date représente 11, dalle représente 15, de même on verra dans le tableau 15 un grand nombre de mots de ce type, dame, tare, dague, nappe, etc. J'ai également choisi en priorité des mots concrets faciles à associer à d'autres mots ou à transformer en image. Seul le mot « sang » est basé sur la ressemblance phonétique avec cent et non sur le code chiffre-lettre.

Ayant construit cette table, j'ai essayé de l'apprendre parfaitement. Le temps du premier essai a été de 45 minutes et j'ai fait 44 erreurs (soit 44 %). A raison d'un essai par jour, j'ai continué l'apprentissage pendant huit jours. Mes meilleurs scores furent atteints le 7e jour : 2 erreurs et un temps de 13 minutes 21 secondes pour décoder en mots tous les chiffres de 1 à 100, soit 8 secondes en moyenne par mot. Mais au bout de 3 mois, j'ai fait 18 erreurs et j'ai mis un temps moyen de 9 secondes par mot. La première conclusion que l'on peut tirer de mon expérience personnelle, c'est que même si cette table est efficace, on voit immédiatement qu'elle ne peut convenir qu'à un mnémoniste professionnel, qui aurait une meilleure mémoire que moi et qui s'entraînerait en maintes occasions. Sinon, quelle pourrait bien être la motivation qui pousserait à apprendre et réviser une telle table ?

Etant donné le nombre d'erreurs commises seulement après trois mois, j'ai reculé devant la difficulté et j'ai décidé de tester sur moi-même l'efficacité de la table, seulement pour les 15 premières positions numérales (de « dé » à « dalle »). Ce nombre 15 était d'autant plus pratique pour moi, que j'avais construit plusieurs années auparavant douze listes de 15 mots concrets pour une autre expérience, et dans chaque liste, les mots étaient numérotés. J'ai donc mémorisé six listes en me servant de la table de rappel et six listes sans utiliser cette table (condition contrôle); la vitesse de mémorisation a été en moyenne de 10 secondes par mot. J'ai fait un rappel des mots avec leurs numéros, immédiatement après la mémorisation, après la mémorisation de toutes les listes (rappel final) et enfin 8 heures après. Dans le tableau 16, j'ai indiqué le pourcentage de rappel numéral, c'est-à-dire du bon mot avec le bon numéro et dans le tableau 16 bis, j'ai indiqué le pourcentage de rappel libre, c'est-à-dire du bon mot indépendamment de son numéro d'ordre.

On constate que le rappel numéral est très efficace, ce qui confirme un certain nombre d'expériences précédentes réali-

Tableau 16

RAPPEL NUMERAL

	Délai de rappel		
	immédiat	final	8 heures
condition expérimentale	97 %	89 %	71 %
contrôle	61 %	30 %	20 %

Tableau 16 bis

RAPPEL LIBRE

	Délai de rappel		
	immédiat	final	8 heures
condition expérimentale	97 %	91 %	74 %
contrôle	69 %	48 %	29 %

Tableaux 16 et 16 bis. Efficacité d'une table de type Feinaigle-Paris, en rappel numéral et en rappel libre, à différents délais (Lieury, 1980).

sées avec des tables de 10 à 20 indices numéraux. L'utilisation de mots concrets comme indice est donc une condition nécessaire à leur efficacité. Le rappel est tellement important avec les indices numéraux de la table que peu de mots ne sont pas rappelés avec leur ordre initial. Par contre, dans la condition contrôle, le rappel libre est plus élevé que le rappel numéral car de nombreux mots sont rappelés sans leur position dans la liste. Cela dit, je me suis rendu compte que comme je mémorisais en alternance une liste avec indices et une liste sans indices, j'ai pris l'habitude de rechercher une médiation imagée ou verbale entre le chiffre et le mot, lorsque je ne devais pas m'aider des indices. Par exemple, pour mémoriser « 15-adresse », j'ai utilisé comme médiateur le mot « rugby » pour m'aider à associer 15 et adresse; pour « 11-automne », j'ai utilisé le mot « novembre » qui est le 11e mois de l'année et un mois d'automne... Mais ce ne sont que des cas particuliers, alors que les indices numéraux concrets permettaient des associations souvent très faciles : par exemple, pour « 2-crèche », il m'était très facile d'associer une crèche à un nid (nid = 2); pour « 13-écluse », j'imaginai une dame près d'une écluse, comme dans un roman de Simenon (dame = 13). C'est donc dans l'ensemble avec une surprenante impression de facilité que je suis arrivé à rappeler 64 mots sur 90 dans leur position originale et après 8 heures de délai.

En conclusion de ce chapitre sur les tables de rappel, on peut donc dire que ce procédé est dans l'ensemble très efficace, sauf certaines tables qui ne satisfont pas aux conditions d'efficacité des indices en général ou des indices numéraux en particulier. Ainsi, la table Hayes (1-volant, 2-phares) paraît surtout mauvaise car il n'y a pas de relation entre certains numéros et certaines parties de la voiture, tandis que la table Moigno n'est pas efficace car les indices numéraux sont de mauvais indices, complexes et abstraits. Lorsque les indices satisfont à ces conditions, les tables sont efficaces, qu'elles soient basées sur le code chiffre-lettre ou les rimes. Cela dit, nous avons vu que ces tables n'ont été testées que pour des listes de 10, 15 ou 20 mots et il est douteux que des sujets ayant une mémoire moyenne ou même supérieure (les sujets sont souvent des étudiants d'Université) parviennent à connaître une table de cent indices de façon à pouvoir s'en servir. De plus, il ne faut pas oublier que si la table de rappel est efficace pour la mémorisation de listes courtes, le rappel n'est jamais parfait surtout après un délai, ou après plusieurs listes.

Conclusion

1. Une bonne mémoire: aptitude ou méthode?

Si l'on fait l'autopsie des publicités que l'on rencontre couramment dans les journaux, on peut analyser les arguments suivants:

1. Vous pensez avoir une mauvaise mémoire, mais ne croyez pas qu'il s'agisse d'une question d'aptitude (certaines publicités ajoutent même: tous les scientifiques vous le diront; ce qui est faux).

2. C'est une question de méthode; j'étais comme vous avant de rencontrer Monsieur X[1] mais celui-ci m'a montré comment grâce à sa méthode, il pouvait mémoriser une liste de 100 numéros ou noms dans l'ordre, et les rappeler dans n'importe quelle position. J'ai essayé la méthode de Monsieur X, et je suis parvenu aux mêmes prouesses.

En fait, le problème de savoir si une bonne mémoire est due à une aptitude, à un don, ou à une méthode que l'on peut ac-

---

[1] Ce type de présentation est d'ailleurs inspiré du récit de l'abbé Moigno, qui disait avoir appris la mnémotechnie de Castilho, qu'il avait rencontré par hasard.

quérir, est un problème vieux comme notre civilisation, puisque l'on retrouve déjà ce débat chez Quintilien. En effet, Quintilien doutait que la méthode des lieux soit très utile et pensait pour sa part que Métrodore ou Charmadas devraient plutôt rendre grâce à la nature qu'à leur méthode, pour avoir une bonne mémoire; en termes plus modernes, Quintilien pensait que la mémoire prodigieuse de ces hommes était une question d'aptitude plus que de méthode.

Le problème n'est d'ailleurs pas spécifique à la mémoire, ne voit-on pas des «Monsieur Muscle» faire de la publicité pour une méthode de culturisme, ou des champions en tous genres participer à des publicités; est-ce parce qu'une femme emploiera le savon Z qu'elle ressemblera à Raquel Welch?...

La réalité est plus complexe et les scientifiques savent que lorsque deux facteurs sont en jeu dans un phénomène, il peut y avoir jusqu'à trois sources d'action sur le phénomène. Dans notre problème, il peut y avoir :
1º le rôle de l'aptitude,
2º le rôle de la méthode et une action peu connue en général,
3º l'interaction entre l'aptitude et la méthode, par exemple que la méthode ne soit efficace que pour les gens d'aptitude élevée.

Etudions rapidement ces trois actions :

1. *Le rôle de l'aptitude*

Dans ce livre, chaque fois qu'un résultat est présenté il s'agit le plus souvent de moyennes de résultats établies sur plusieurs sujets. Mais qu'il s'agisse du groupe contrôle ou du groupe des sujets qui ont employé le procédé mnémotechnique, il y a de grandes différences entre les sujets. A titre d'exemple, voici les notes des 13 sujets contrôles et des 7 sujets du groupe «formule» de l'expérience sur la formule Moigno (tableau 17):

														Pourcentage de rappel
contrôle	11	10	8	4	14	6	15	7	0	11	6	3	8	42 %
formule	14		15		17		11		9		19		19	78 %

Tableau 17. Différences individuelles dans le groupe contrôle et le groupe «formule» dans l'expérience sur la formule Moigno; le délai de rappel est de 6 semaines et le rappel maximum est 19 chiffres du nombre Pi (voir également tableau 12).

On voit que même pour des étudiants de même niveau (1re année d'université), les différences de rappel sont importantes, et varient même dans le groupe contrôle, de 15 chiffres rappelés dans l'ordre (sur 19 au total) à un rappel de 0 (l'étudiant ne s'est même pas aperçu qu'il s'agissait du nombre Pi, sinon il aurait pu rappeler 3,14). Pour le groupe «formule», le rappel varie de 9 chiffres rappelés à 19, c'est-à-dire le maximum. Donc, il y a des différences individuelles; en psychologie, la diversité est la règle et non l'exception (voir Reuchlin, 1969).

2. Le rôle de la méthode

Je ne reprendrai pas chacune des conclusions pratiques de la troisième partie de ce livre: beaucoup de procédés mnémotechniques sont efficaces en moyenne par rapport à des groupes contrôles. Il est donc vrai que dans certaines conditions, l'utilisation d'une méthode peut améliorer la mémoire. Mais j'ai souvent insisté sur le fait que les méthodes ne faisaient pas de miracles: après une seule mémorisation de listes courtes, par exemple 10 mots, nous avons pu constater que le rappel n'était jamais de 100 % et que l'oubli intervenait, notamment après un long délai ou dans des situations d'interférences (mémorisation de plusieurs listes). Il faut donc considérer les méthodes d'aide de la mémoire comme des procédés qui pour certains permettent de rentabiliser au maximum les possibilités de sa propre mémoire, non de les dépasser, tout comme n'importe quelle méthode de musique ou professeur ne fera pas un «Mozart» de quelqu'un qui est peu apte à la musique.

3. *L'interaction entre la méthode et l'aptitude*

La plupart des expériences qui ont été réalisées dans le domaine de la mémoire l'ont été sur des étudiants. Douglas Griffith et Tomme R. Actkinson (1978) de l'Army Research Institute à Fort Hood au Texas, se sont demandés si un procédé mnémotechnique serait toujours efficace si on l'expérimentait sur des sujets de différents niveaux d'aptitude générale d'après un test de l'Armée sur les aptitudes générales et techniques (ce qu'on appelle pour simplifier l'intelligence). La méthode utilisée est la table de rappel basée sur les rimes (1-pain, 2-nœud). Trois groupes de personnels de l'armée sont sélectionnés d'après leur résultat au test, un groupe de faible aptitude générale (inférieur ou égal à 90), un groupe d'aptitude générale moyenne (91 à 109) et un groupe d'aptitude générale supérieure (supérieur à 110) qui est équivalent à nos étudiants si souvent utilisés dans les expériences. Dans chaque groupe, la moitié des sujets mémorise une liste de 10 mots dans l'ordre et sans aide, tandis que l'autre moitié utilise la table de rappel après que les sujets aient été entraînés.

Les résultats sont importants puisqu'ils indiquent (fig. 11) que la table n'est efficace que pour les sujets de haut niveau d'aptitude générale. Ceci illustre fort bien l'interaction entre méthode et aptitude puisqu'il faut un niveau d'aptitude élevé pour utiliser correctement la méthode. Notons d'ailleurs qu'il ne s'agit pas ici de l'aptitude de mémoire d'une liste, car les résultats du groupe contrôle sont équivalents quel que soit le niveau d'aptitude générale. Mais même ces résultats sont des résultats moyens et on trouvera toujours des cas extrêmes qui échappent à ces moyennes. J'ai par exemple parlé du mnémoniste Veniamin qui ne disposait d'aucune aptitude logique et qui avait une mémoire prodigieuse; ce mnémoniste améliorait sa mémoire par la méthode des lieux.

En conclusion, il convient d'être prudent et de se rappeler que la mémoire est elle-même une entité complexe en interaction avec de nombreuses aptitudes, l'imagerie, l'aptitude logique, les aptitudes verbales, etc.; l'un aura donc une bonne mémoire pour le rappel dans l'ordre, un autre aura une bonne

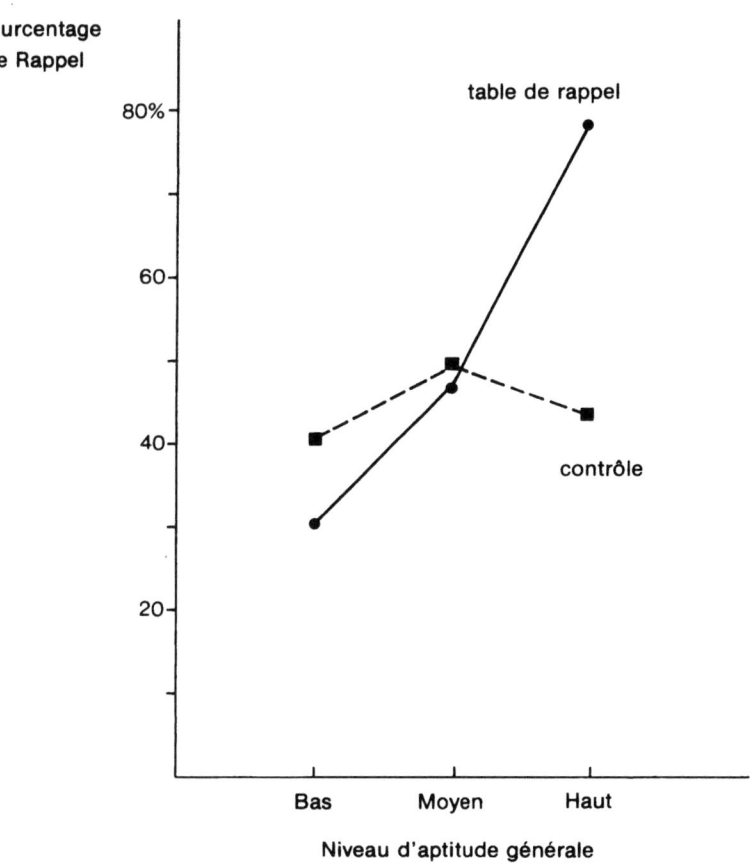

Figure 11. Efficacité de la table de rappel en fonction du niveau d'aptitude générale (d'après Griffith et Actkinson, 1978).

mémoire pour les images, un autre encore aura une bonne mémoire pour des informations logiques ou abstraites, etc.

2. Efficacité et utilité des procédés mnémotechniques

Non seulement les aptitudes sous-jacentes à la mémoire sont diverses, mais les tâches que l'on demande à notre mémoire sont également différentes. Rappeler des numéros de téléphone ou rappeler les idées principales d'un texte, peut n'avoir rien de commun. Il faut donc, dans cette conclusion, évaluer les procédés mnémotechniques par rapport à deux fonctions, l'efficacité et l'utilité. En effet, une méthode peut être efficace d'après une expérience scientifique et pourtant n'être d'aucune utilité dans la vie courante. Prenons l'exemple de la table de rappel. Nous avons vu que certaines tables de rappel sont efficaces pour rappeler des listes de mots en laboratoire, mais dans quelles circonstances de la vie quotidienne une table de rappel peut-elle être utile? J'avoue avoir cherché, mais sans succès. J'ai personnellement fabriqué une table de rappel, je me suis entraîné à son usage mais j'avoue ne jamais m'en servir ... Par contre, d'autres procédés peuvent parfois être d'une certaine utilité. Par exemple, une phrase-clé efficace peut faciliter certaines acquisitions dans le courant des études, de même le code chiffre-lettre peut faciliter la mémorisation de numéros, carte bancaire par exemple, dont le numéro doit rester secret.

Les procédes qui paraissent les plus utiles sont ceux qui s'appliquent comme une sorte de grille vide, sur des informations très variées: c'est en premier lieu la classification logique et en second lieu le schéma.

Pour résumer simplement ce qui a été dit à propos des plans de rappel, l'efficacité et l'utilité des plans sont indiqués (tableau 18) par signes: + pour oui, 0 pour non et ? signifie que je ne vois pas d'application pratique dans les circonstances ordinaires de la vie; + ou 0 signifient que certains procédés sont efficaces, d'autres non; ainsi certaines phrases-clé sont efficaces tandis que d'autres ne le sont pas.

3. Mémoire artificielle et mémoire naturelle

Depuis l'auteur inconnu de la *Rhétorique à Herennius*, on regroupe souvent les procédés mnémotechniques sous le terme général de mémoire artificielle par rapport à d'autres méthodes comme la classification hiérarchique (que Quintilien appelait l'agencement harmonieux des mots ou des idées). Mais comme nous avons vu que les procédés artificiels étaient basés sur des mécanismes naturels de la mémoire, on peut se demander si la

Tableau 18. *Efficacité et utilité des plans de rappel.*

Plan basé sur :	Procédé	Fonction	Efficacité	Utilité
la logique	Hiérarchie	Classer des éléments essentiels et les mémoriser	+	+
	Tableau		+	+
l'image	Méthode des lieux	Mémoriser des éléments dans l'ordre (images ou mots concrets)	+	?
	Schéma	Mémoriser des éléments essentiels	+	+
le langage	Phrase-clé (mot-clé, histoire-clé)	Mémoriser des éléments dans l'ordre (mots, abréviations)	+ ou 0	+ ou 0
	Résumé	Mémoriser des éléments essentiels	+	+
le code chiffre-lettre	Plan basé sur le code chiffre-lettre	Mémoriser des chiffres dans l'ordre	+	+ ou ?
	Table de rappel	Mémoriser des éléments avec leur position dans la liste	+ ou 0	?

distinction entre mémoire artificielle et mémoire naturelle est toujours justifiée. Si l'on observe le tableau 18, on constate que les procédés qui ont des signes 0 ou ? sont en fait ceux que l'on classe traditionnellement dans les procédés de la mémoire artificielle. Ainsi, on pourrait dire qu'au niveau pratique, les procédés artificiels sont tout simplement les procédés qui ne sont pas toujours efficaces ou utiles. Nous avons vu dans les chapitres consacrés à chaque procédé que les raisons pour lesquelles un procédé n'est pas efficace ou utile, ne sont pas toujours les mêmes, mais on peut dégager quelques constantes. En général, il faut :

1. un temps d'encodage suffisant : de 4 à 10 secondes par élément ;
2. des bons indices : mot qui représente une idée, syllabe pour un mot, etc ;
3. un bon plan : notamment un plan qui relie sémantiquement les éléments ou les indices sans trop de surcharge.

Je crois que c'est cette notion de surcharge qui différencie le plus les procédés artificiels des procédés « naturels ». Prenons l'exemple de la phrase-clé et du résumé qui sont tous deux des plans de rappel basés sur le langage. Le résumé contient les mêmes mots importants que le texte de départ, mais il contient moins de mots au total, ce qui facilite la mémorisation. A l'inverse, la phrase-clé contient des mots qui n'entretiennent, avec les éléments à rappeler, ni des relations sémantiques, ni des relations logiques. Par exemple, Napoléon n'a rien à voir avec la chimie, pas plus que Cambronne n'a de rapport avec la géologie. Il y a donc surcharge, et il faut que les relations phonétiques entre les éléments et les mots-clés soient fortes pour que le procédé soit efficace. La même surcharge existe pour la méthode des lieux, puisqu'il y a introduction de mots ou d'images qui n'ont pas de relations avec les éléments à rappeler, à l'inverse du schéma où l'on ne représente figuralement que les éléments essentiels à rappeler. Dans la table de rappel également, les indices numéraux représentent une surcharge alors que la hiérarchie et le tableau ne représentent que les éléments essentiels à rappeler. En d'autres termes, les procédés « naturels » semblent correspondre de façon plus « pure » à des mécanismes fondamentaux de la mémoire (par exemple, la hiérarchie).

Toutefois, les procédés artificiels sont parfois utiles et souvent efficaces; nous avons vu que cette efficacité s'expliquait par des mécanismes naturels de la mémoire : les procédés artificiels sont efficaces parce qu'ils sont basés sur les codes, les indices, les associations phonétiques, les plans de rappel, etc. Le fait que les procédés de toute sorte soient basés sur les mécanismes naturels de la mémoire explique que certains procédés rentabilisent notre propre mémoire mais dans les limites de nos aptitudes : cela l'auteur de la *Rhétorique à Herennius* l'avait déjà observé : « Car jamais la nature n'est en arrière, ni la science en avant pour trouver : le point de départ de toutes choses se trouve dans les dispositions naturelles; l'art les mène au but » (XXII, 36).

Enfin pour évaluer les procédés d'aide de la mémoire et sélectionner ceux qui sont les plus utiles, il faut les situer historiquement. Les procédés pour apprendre des listes dans l'ordre étaient peut-être plus utiles dans l'Antiquité ou à la Renaissance, où la tradition orale était encore importante; on notera d'ailleurs que jusqu'au XVIIe siècle, les procédés pour mémoriser des numéros n'existent pas, pour la simple raison que le commun des mortels n'en avait pas l'utilité. Depuis la grande diffusion des livres, des communications audio-visuelles, notre utilisation de la mémoire a changé; le film ou la télévision par exemple, rendent inutiles la méthode des lieux puisque l'image nous est directement donnée dans toute sa richesse (de plus, il y a même double codage). Avec le développement de l'informatique, il est fort probable que l'ordinateur servira de plus en plus de mémoire auxiliaire; il existe déjà des petits ordinateurs qui calculent le régime le plus économique pour une voiture; certains agriculteurs peuvent communiquer avec un ordinateur qui leur donne le cours d'achat de certaines productions. Et l'on voit se profiler le temps le temps où l'écolier et l'étudiant auront le cours d'informatique à côté des cours de maths et d'histoire. Cependant, de même que les techniques modernes ne remplacent pas toujours toutes les anciennes techniques, quelques procédés mnémotechniques pourront toujours nous servir d'aide-mémoire bien qu'ils ne soient que les fossiles d'un autre âge.

Lexique

Association : concept décrivant le fait que la présentation d'un élément A déclenche l'évocation d'un élément B. Ce terme d'association est métaphorique, il ne faut pas imaginer une association comme une connection nerveuse ; l'association est peut-être due à la libération de médiateurs chimiques, à l'activation d'un circuit neuronique ...

Capacité limitée : nombre d'éléments structurés (chiffres, mots, images ...), indépendants les uns des autres, que l'on peut conserver en mémoire à court terme ; cette capacité est d'environ 7 éléments de même nature ; lorsque des éléments sont conservés en même temps que leurs indices, la capacité n'est plus que de 3 (3 éléments et 3 indices).

Catégorie : ensemble d'éléments présentant un ou plusieurs traits communs : pays, vêtements, plantes, animaux ...

Code : correspondance entre deux systèmes de symboles (code mot-image, code chiffre-lettre). Un code chiffre-lettre établit par exemple la correspondance entre des chiffres et des lettres.

Code chiffre-lettre : ce code a peut-être été inventé parallèlement par Hérigone (1644), Winckelman (1648) et Richard Grey (1730) et a été perfectionné par Grégoire de Feinaigle (1800) et Aimé Paris (1825). Voici le code d'A. Paris pour les principaux sons et la phrase-clé pour s'en rappeler :

0	1	2	3	4	5	6	7	8	9
S	T	N	M	R	L	CH	Q	F	P
Sot	Tu	Nous	Mens	Rends	Les	CHants	Que	Fit	Pan

Episode : concept proposé par l'Américain Endel Tulving pour désigner les informations stockées qui permettent (consciemment ou non) d'identifier un élément ou une scène, comme ayant été mémorisés.

Hiérarchie : ensemble de catégories entretenant une relation d'emboîtement, par exemple :

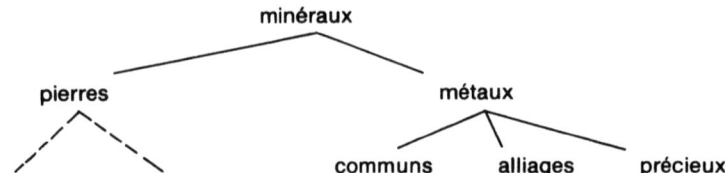

Histoire-clé : histoire qui réunit des phrases-clés.

Indices de rappel (ou de récupération) : information de nature variée (syllabe, synonyme, photographie, etc.) dont la présentation déclenche le rappel d'éléments structurés (mots, idées, souvenirs ...).

Lieu de stockage : concept décrivant le fait qu'un mot (ou un souvenir) est stocké dans un ou plusieurs ensembles d'associés déterminés et non n'importe où dans la mémoire. Le sondage de la mémoire dans le lieu de stockage d'un souvenir déclenche le rappel de ce souvenir (de même que le concept d'association, le concept de lieu de stockage est une métaphore et n'implique pas qu'un mot ou un souvenir soit stocké dans un « lieu » anatomique du cerveau ; il peut s'agir de l'activation d'un circuit grâce à la médiation de substances chimiques particulières ...). L'efficacité des indices de rappel est dû au fait qu'ils permettent de retrouver le lieu de stockage de ce qui est à rappeler.

Mémoire à court terme (ou mémoire de travail, ou champ d'appréhension) : structure correspondant à l'activation momentanée (quelques secondes) d'environ 7 éléments.

Mémorisation : activité développée pour stocker des informations ; dans ce livre, le terme de mémorisation est plutôt utilisé lorsque l'information est présentée une seule fois et le terme d'apprentissage (ou d'acquisition) est plutôt employé lorsque l'information est présentée au cours de plusieurs essais.

Méthode des lieux : plan de rappel inventé dans l'Antiquité (attribué à Simonide de Céos, Ve siècle av. J.-C.), qui consiste à mémoriser dans l'ordre les mots d'une liste en intégrant les images de ces mots dans les lieux d'un itinéraire (magasins d'une rue, pièces d'un appartement ...).

Mot-clé : qui fournit des indices phonétiques (initiales, syllabes) pour rappeler plusieurs éléments : par exemple, « batterie » (ba-tri) permet de rappeler que babord est à gauche et tribord à droite (quand on regarde vers l'avant d'un navire).

Organisation : groupement d'éléments qui est différent de l'addition de ces éléments : le mot « Paris » est autre chose que l'addition des lettres p, a, r, i, s.

Phonétique : relatif aux catégories de sons utilisés dans le langage. Cambronne-Cambrien, est un exemple d'association phonétique.

Phrase-clé : phrase qui réunit des mots-clés : par exemple, « Cambronne s'il eût été dévot n'eut pas carbonisé son père » permet de rappeler les périodes géologiques de l'ère primaire : Cambrien, Silurien, Dévonien, Carbonifère, Permien.

Plan de rappel : organisation d'un ensemble d'éléments ou d'indices, telle que cet ensemble ne surcharge pas la mémoire à court terme.

Procédés mnémotechniques (ou trucs ...) : procédés utilisés pour améliorer le rappel : méthode des lieux, phrase-clé, etc. Les procédés sont basés sur des mécanismes naturels de la mémoire, codes, indices, plans, mais l'adjonction d'éléments sans rapport sémantique ou logique avec ce qu'il faut apprendre, rend ces procédés artificiels. Lorsque la surcharge n'est pas trop grande et que les lois de la mémoire sont respectées, ces procédés sont souvent efficaces.

Rappel libre : épreuve qui consiste à évoquer sans aide des éléments ayant été mémorisés (ou appris).

Rappel indicé : rappel avec l'aide d'indices de rappel.

Reconnaissance : épreuve qui consiste à chercher des éléments ayant été mémorisés parmi des éléments pièges. La reconnaissance est le plus efficace des moyens de « rappel ».

Sémantique : relatif au sens; abeille-miel est un exemple d'association sémantique.

Stockage : ensemble des mécanismes qui assurent la conservation des informations dans la mémoire.

Table de rappel : plan de rappel inventé par Grégoire de Feignaigle (1800) pour rappeler des mots avec leur position numérale dans la liste (exemple : le 36e mot, le 17e ...). La table de rappel est une suite d'indices numéraux constitués par des mots qui codent les nombres. Début d'une table fabriquée à partir du code chiffre-lettre :

1-dé   4-roue
2-nid   5-lion
3-main   etc.

Bibliographie

Ad Herennium, voir *Rhétorique à Herennius*.
ARISTOTE. *De la mémoire et de la réminiscence*. In Parva Naturalia (traduction de J. Tricot), Librairie philosophique J. Vrin, Paris, 1951.
ATKINSON, R.C. & RAUGH, M.R. An application of the mnemonic keyword method to the acquisition of a russian vocabulary. *Journal of Experimental Psychology: Human learning and memory*, 1975, 104, 126-133.
AUDIBERT. *Traité de mnémotechnie générale*. Paris, 1839. Bibliothèque Nationale, Paris.
BADDELEY A.D. & WARRINGTON E.K. Amnesia and the distinction between long and short-term memory. *Journal of Verbal Learning and Verbal Behavior*, 1970, 9, 176-189.
BAHRICK H.P., BAHRICK, P.O. & WITTLINGER, R.P. Fifty years of memory for names and faces: a cross-sectional approach. *Journal of Experimental Psychology: General*, 1973, 104, 54-75.
BOBROW, S.A. & BOWER, G.H. Comprehension and recall of sentences. *Journal of Experimental Psychology*, 1969, 80, 455-461.
BOWER, G.H. Imagery as a relational organizer in associative learning. *Journal of Verbal Learning and Verbal Behavior*, 1970, 9, 529-533.
BOWER, G.H. & CLARK, M.C. Narrative stories as mediators for serial learning. *Psychonomic Science*, 1969, 14, 181-182.
BOWER, G.H., CLARK, M.C., LESGOLD, A.M. & WINZENZ, D. Hierarchical retrieval schemes in recall of categorized word lists. *Journal of Verbal Learning and Verbal Behavior*, 1969, 8, 323-343.
BOWER, G.H. & REITMAN, J.S. Mnemonic elaboration in multi-list learning. *Journal of Verbal Learning and Verbal Behavior*, 1972, 11, 478-485.
BRESSON, F. Langage et communication. In Fraisse, P. et Piaget, J., *Traité de psychologie expérimentale*, Presses Universitaires de France, Paris, 1972.
BROADBENT, D.E., COOPER, P.J. & BROADBENT, M.H.P. A comparison of hierarchical and matrix schemes in recall. *Journal of Experimental Psychology: Human learning and memory*, 1978, 4, 486-497.
BRUNO, Giordano. *Ars memoriae*. Dans De Umbris Idearum, Paris, 1582.

BRUNO, Giordano. *Les sceaux.* Dans Opera latine conscripta, vol. II, pars II. *Les ombres*, vol. II, pars I. Bibliothèque Nationale, Paris.
BUFFIER, Claude. *Pratique de la mémoire.* Paris, 1705-1706, 2 tomes. Bibliothèque Nationale, Paris.
BUGELSKI, B.R. Presentation time, total time and mediation in paired-associate learning. *Journal of Experimental Psychology,* 1962, 63, 409-412.
BUGELSKI, B.R. Images as mediators in one-trial paired-associate learning. II: Self-timing in successive lists. *Journal of Experimental Psychology,* 1968, 77, 328-334.
BUGELSKI, B.R., KIDD, E. & SEGMEN, J. Images as mediators in one-trial paired-associate learning. *Journal of Experimental Psychology,* 1968, 76, 69-73.
CASTILHO, J.F. & CASTILHO, A.M. *Traité de mnémotechnie.* Bordeaux, 1835. Bibliothèque Nationale, Paris.
CHAVAUTY, abbé. *L'art d'apprendre et de se souvenir.* Paris, 1894. Bibliothèque Nationale, Paris.
CHAUCHARD, P. *La mémoire.* C.E.P.L. Retz, Paris, 1968.
COLLINS, A.M. & QUILLIAN, M.R. Retrieval time from semantic memory. *Journal of Verbal Learning and Verbal Behavior,* 1969, 8, 240-248.
COLLINS, A.M. & QUILLIAN, M.R. Does the category size affect categorization time ? *Journal of Verbal Learning and Verbal Behavior,* 1970, 9, 432-438.
COPPE, Estienne. *Des preceptes et moyens de recouvrer, augmenter et contregarder la mémoire,* Lyon, 1555. The British Library, Londres.
COURDAVAULT, abbé. *La mnémotechnie ou l'art d'acquérir facilement une mémoire extraordinaire.* Lille, 1905. Bibliothèque Nationale, Paris.
CROVITZ, H.F. Memory loci in artificial memory. *Psychonomic Science,* 1969, 16, 82-83.
CROVITZ, H.F. The capacity of memory loci in artificial memory. *Psychonomic Science,* 1971, 24, 187-188.
DEMANGEON, J.F. *Nouvelle mnémonique.* Paris, 1841. Bibliothèque Nationale, Paris.
DENIS, M. *Les images mentales.* Presses Universitaires de France, Paris, 1979.
DUCHARME, R. & FRAISSE, P. Etude génétique de la mémorisation de mots et d'images. *Canadian Journal of Psychology,* 1965, 19, 253-261.
EHRLICH, S. Le rôle de la structuration dans l'apprentissage verbal. *Psychologie Française,* 1965, 10, 119-146.
EHRLICH, S. *La capacité d'appréhension verbale,* Presses Universitaires de France, Paris, 1972.
FEINAIGLE, Grégoire (de). *Notice sur la mnémonique.* Paris, 1806. Bibliothèque Nationale, Paris.
FLORES, C. *La mémoire.* In Fraisse, P. & Piaget, J. Traité de psychologie expérimentale, tome IV. Presses Universitaires de France, Paris, 1964.
FLORES, C. *La mémoire,* Presses Universitaires de France, Paris, 1972.
FOTH, D. L. Mnemonic technique effectiveness as a function of word abstractness and mediation instructions. *Journal of Verbal Learning and Verbal Behavior,* 1973, 12, 239-245.
FRAISSE, P. & LEVEILLE, M. Influence du codage visuel de phrases sur leur mémorisation à court terme. *L'Année Psychologique,* 1975, 75, 409-416.
FULWOOD Willyam. *The castle of memorie,* London, 1563. The British Library, Londres.
GARTEN, J.A. & BLICK, K.A. Retention of word-pairs for experimenter-supplied and subject-originated mnemonic. *Psychological Reports,* 1974, 35, 1099-1104.
GERMERY, R.P. *La mémoire.* Aubanel éditeur, 1911. Bibliothèque Henri Piéron, Paris.
GRATAROLUS Gulielmus. *De memoria reparanda...*Basiliae, 1554. The British Library, Londres.
GREY, Richard. *Memoria technica* : or a new method of artificial memory, London, 1812 (1re édition 1730). Cambridge University Library, Cambridge.
GRIFFITH, D. & ACTKINSON, T.R. Mental aptitude and mnemonic enhancement. *Bulletin of the Psychonomic Society,* 1978, 12, 347-348.

GRONINGER, L.D. Mnemonic imagery and forgetting. *Psychonomic Science,* 1971, 23, 161-163.
GUYOT-DAUBES. *L'art d'aider la mémoire.* Paris, 1889. Bibliothèque Nationale, Paris.
HERIGONE, Pierre. *Cours mathematique*, tome second. Paris, 1644. Bibliothèque de la Sorbonne, Paris.
HOST de ROMBERCH. Voir Romberch de Kyrspe.
JUNG, J. Mediation for telephone numbers. *Perceptual and Motor Skills,* 1963, 17, 86.
LE CUIROT, Adrian. *Le magasin des sciences,* ou vray art de la memoire descouvert par Schenkelius. Paris, 1623. Bibliothèque Nationale, Paris.
LIEURY, A. *La mémoire.* Dessart & Mardaga, Bruxelles, 1975.
LIEURY, A. La mémoire épisodique est-elle emboîtée dans la mémoire sémantique? *L'Année Psychologique,* 1979, 79, 123-142.
LIEURY, A. *Les processus de récupération de la mémoire.* Thèse pour le doctorat ès lettres et sciences humaines, Poitiers, 1980, 2 tomes.
LIEURY, A. Les procédés mnémotechniques sont-ils efficaces? *Bulletin de Psychologie,* Décembre 1980 (sous presse).
LIEURY, A., IFF, M. & DURIS, P. *Normes d'association verbale.* Paris, Laboratoire de Psychologie Expérimentale, 1976.
LINDLEY, R.H. Effects of controlled cues in short-term memory. *Journal of Experimental Psychology,* 1963, 66, 580-587.
LOISETTE, A. *Assimilative memory or how to attend and never forget.* New York, 1896. Bibliothèque Nationale, Paris.
LURIA, A.R. *Une prodigieuse mémoire.* Delachaux et Niestlé, Neuchâtel, 1970.
LUTZ, K.A. & LUTZ, R.L. Effects of interactive imagery on learning: application to advertising. *Journal of Applied Psychology,* 1977, 62, 4, 493-498.
MARAFIOTI Hierosme. *L'art de la memoire ou plustot de la resouvenance.* Paris, 1604. Bibliothèque Nationale, Paris.
Memoria technica (anonyme attribué à Grey Richard), London King, 1730. Bibliothèque Nationale, Paris. Cambridge University Library, Cambridge.
MILLARD, John. Voir *The New art of memory.*
MILLER, G.A. The magical number seven, plus or minus two, some limits of our capacity for processing information. *Psychological Review,* 1956, 63, 81-97.
MIDDLETON, A.E. *Memory systems, new and old* (avec une bibliographie de G.S. Fellows). New York, 1888. The British Library, Londres.
MOIGNO, abbé. *Manuel de mnémotechnie.* Paris, 1879. Bibliothèque Nationale, Paris.
MOREAU, A. Le rôle du schéma dans l'apprentissage et l'évocation d'une tâche verbale. *L'Année Psychologique,* 1973, 73, 521-533.
MORRIS, P.E. & COOK, N. When do first letter mnemonics aid recall? *British Journal Educational Psychology,* 1978, 48, 22-28.
MORRIS, P.E., JONES, S. & HAMPSON, P. An imagery mnemonic for the learning of people's names. *British Journal of Psychology,* 1978, 69, 335-336.
MUELLER, M.R., EDMONDS, E.M. & EVANS, S.H. Amount of uncertainty associated with decoding in free-recall. *Journal of Experimental Psychology,* 1967, 75, 437-443.
The New art of memory, founded upon the principles taught by Gregor von Feinaigle (anonyme attribué à John Millard). London, 1812. Cambridge University Library, Cambridge.
NORMAN, D.A. *Memory and attention.* John Wiley & Sons. New York, 1969.
OLERON, G. Latence des réponses dans l'évocation immédiate de brèves séries de mots. *L'Année Psychologique,* 1978, 78, 61-78.
OLTON, R.M. The effect of a mnemonic upon the retention of paired-associate verbal material. *Journal of Verbal Learning and Verbal Behavior,* 1969, 8, 43-48.
PARIS, Aimé. *Exposition et pratique des procédés de la mnémotechnie.* Paris, 1825. Bibliothèque Nationale, Paris.
PAIVIO, A. Mental imagery in associative learning and memory. *Psychological Review,* 1969, 76, 241-263.

PAIVIO, A. *Imagery and verbal processes*. Holt, Rinehart & Winston, New York, 1971.
PAIVIO, A. & CSAPO, K. Concrete image and verbal memory codes. *Journal of Experimental Psychology*, 1969, 80, 279-285.
PARENT-VOISIN. *Cours méthodique et élémentaire de mnémotechnie*. Paris, 1847. Bibliothèque Nationale, Paris.
PERSENSKY, J.J. & SENTER, R.J. An experimental investigation of a mnemonic system in recall. *The Psychological Record*, 1969, 19, 491-499.
PIAGET, J. & INHELDER, B. *Mémoire et intelligence*. Presses Universitaires de France, Paris, 1968.
PLATON. Phèdre. In *Le banquet-Phèdre* (trad. E. Chambry). Garnier-Flammarion, Paris, 1964.
PORTAE, I.B., *Ars reminiscendi*. Neapoli, 1602. Bibliothèque Nationale, Paris.
POSTMAN, L. & PHILIPPS, L.W. Short-term changes in free recall. *Quaterly Journal of Experimental Psychology*, 1965, 17, 132-138.
PRESSLEY, M. Children's use of the keyword method to learn simple spanish vocabulary words. *Journal of Educational Psychology*, 1977, 69, 465-472.
QUINTILIEN. *Institution oratoire*. (Trad. H. Bornaeque). Classiques Garnier, Paris.
REUCHLIN, M. *La psychologie différentielle*. Presses Universitaires de France, Paris, 1969.
Rhétorique à Herennius (anonyme). Trad. H. Bornaeque. Bibliothèque de la Sorbonne, Paris.
ROMBERCH de KYRSPE, Joanus. *Congestorium artifisiose memorie*. 1533. The British Library, Londres.
RUST, S.M. & BLICK, K.A. The application of two mnemonic techniques following rote memorization of a free-recall task. *The Journal of Psychology*, 1972, 80, 247-253.
SAINT-LAURENT, R. (de). *La mémoire*. Aubanel éditeur, 1968.
SCHENKEL, Laurent (et Sommer, Martin). *Compendium de Mnémotechnique*, 1804. Bibliothèque Nationale, Paris.
SENTER, R.J. & HOFFMAN, R.R. Bizarreness as a nonessential variable in mnemonic imagery: a confirmation. *Bulletin of Psychonomic Society*, 1976, 7, 163-164.
SMITH, R.K. & NOBLE, C.E. Effects of a mnemonic technique applied to verbal learning and memory. *Perceptual and Motor Skills*, 1965, 21, 123-134.
STANDING, L., CONEZIO, J. & HABER, R.N. Perception and memory for pictures: Single-trial learning of 2500 visual stimuli. *Psychonomic Science*, 1970, 19, 73-74.
THOMSON, D.M. & TULVING, E. Associative encoding and retrieval: weak and strong cues. *Journal of Experimental Psychology*, 1970, 86, 255-262.
Traité complet de mnémotechnie (anonyme). Edité chez Thomas Naudin, Paris, 1800. Bibliothèque Nationale, Paris.
TULVING, E. Subjective organization in free recall on unrelated words. *Psychological Review*, 1962, 69, 344-354.
TULVING, E. Episodic and semantic memory. In Tulving, E. & Donaldson, W., *Organization of memory*. New York, Academic Press, 1972.
TULVING, E. & PEARLSTONE, Z. Availability versus accessibility of information in memory for words. *Journal of Verbal Learning and Verbal Bahavior*, 1966, 5, 381-391.
TULVING, E. & WATKINS, M.J. Continuity between recognition and recall. *American Journal of Psychology*, 1973, 86, 739-748.
UNDERWOOD, B.J. & ERLEBACHER, A. Studies of coding in verbal learning. *Psychological Monographs*, 1965, 79, (13 whole n° 606).
VEZIN, J.F. Rôle des schémas, des exemples illustratifs et des énoncés verbaux, dans l'acquisition d'un concept, chez des enfants de 11 et 12 ans. *Enseignement programmé*, 1970, n° 9-10, 49-59.
VEZIN, J.F. L'apprentissage des schémas, leur rôle dans l'assimilation des connaissances. *L'Année Psychologique*, 1972, 72, 179-198.

VEZIN, J.F., BERGE, O. & MAVRELLIS, P. Rôle du résumé et de la répétition en fonction de leur place par rapport au texte. *Bulletin de Psychologie,* 1973, 309, 163-167.
WOOD, G. Category of names as cues for the recall of category instances. *Psychonomic Science,* 1967, 9, 323-324.
WOOD, G. Mnemonic systems in recall. *Journal of Educational Psychology Monographs,* 1967, 58, Whole number 6, part 2.
YATES, F. *L'art de la mémoire* (édition française), Gallimard, Paris, 1975.
YOUNG, M.N. *Bibliography of memory.* Philadelphia: Chilton Co., 1961.

Table des matières

Pages

Introduction 5

PREMIERE PARTIE :
LES MECANISMES DE LA MEMOIRE NATURELLE

Chapitre I.
Les mécanismes de la mémorisation 9
1. Attention : oubli rapide 9
2. Le nombre magique 7 14

Chapitre II.
Les « bonnes adresses » du passé 25
1. Le lieu de stockage des souvenirs 25
2. Les indices de récupération 29

DEUXIEME PARTIE :
L'HISTOIRE DES PROCEDES MNEMOTECHNIQUES

Chapitre III.
L'art de la mémoire dans l'Antiquité 43
1. La légende de Simonide 43
2. L'utilisation du zodiaque 46
3. Les orateurs romains 47

Chapitre IV.
Magie et mémoire 53
1. L'héritage des Barbares 53
2. Les systèmes magiques de la mémoire 55

Chapitre V.
Les « Temps modernes » de la mémoire 67
1. Les traités du Moyen Age et de la Renaissance 67
2. Qui est l'inventeur du code chiffre-lettre ? 73
3. Grégoire de Feinaigle 79
4. Les manuels de mnémotechnie 83

Conclusion :
Ce que les « alchimistes » de la mémoire avaient découvert 93

TROISIEME PARTIE : L'ETUDE SCIENTIFIQUE DES PROCEDES MNEMOTECHNIQUES

Chapitre VI.
Les codes 101
1. Le code verbal 103
2. Le code imagé 105
3. Le code chiffre-lettre 114

Chapitre VII.
Les indices : abréviations, rimes, ... 119
1. Les conditions d'efficacité des indices 120
2. Les principaux indices 122
3. Des indices de rappel à la reconnaissance 123

Chapitre VIII.
Les plans basés sur l'image 127
1. La méthode des lieux 127
2. Le schéma 132

Chapitre IX.
Les plans basés sur le langage 137
1. Le mot-clé, la phrase-clé, l'histoire-clé 137
2. Le résumé 143
3. Le langage fonctionne comme un plan de rappel ... 144

Chapitre X.
Les plans de rappel basés sur la logique 149

Chapitre XI.
Les plans basés sur un code chiffre-lettre 155

Chapitre XII.
La table de rappel, ou peut-on rappeler 100 mots dans l'ordre ? 159

Conclusion 177

Lexique 187

Bibliographie 191

PSYCHOLOGIE ET SCIENCES HUMAINES
collection publiée sous la direction de MARC RICHELLE

1. Dr Paul Chauchard
   LA MAITRISE DE SOI, *9ᵉ éd.*
5. François Duyckaerts
   LA FORMATION DU LIEN SEXUEL, *9ᵉ éd.*
7. Paul-A. Osterrieth
   FAIRE DES ADULTES, *15ᵉ éd.*
9. Daniel Widlöcher
   L'INTERPRETATION DES DESSINS D'ENFANTS, *9ᵉ éd.*
11. Berthe Reymond-Rivier
    LE DEVELOPPEMENT SOCIAL DE L'ENFANT ET DE L'ADOLESCENT, *9ᵉ éd.*
12. Maurice Dongier
    NEVROSES ET TROUBLES PSYCHOSOMATIQUES, *7ᵉ éd.*
15. Roger Mucchielli
    INTRODUCTION A LA PSYCHOLOGIE STRUCTURALE, *3ᵉ éd.*
16. Claude Köhler
    JEUNES DEFICIENTS MENTAUX, *4ᵉ éd.*
21. Dr P. Geissmann et Dr R. Durand
    LES METHODES DE RELAXATION, *4ᵉ éd.*
22. H. T. Klinkhamer-Steketée
    PSYCHOTHERAPIE PAR LE JEU, *3ᵉ éd.*
23. Louis Corman
    L'EXAMEN PSYCHOLOGIQUE D'UN ENFANT, *3ᵉ éd.*
24. Marc Richelle
    POURQUOI LES PSYCHOLOGUES?, *6ᵉ éd.*
25. Lucien Israel
    LE MEDECIN FACE AU MALADE, *5ᵉ éd.*
26. Francine Robaye-Geelen
    L'ENFANT AU CERVEAU BLESSE, *2ᵉ éd.*
27. B.F. Skinner
    LA REVOLUTION SCIENTIFIQUE DE L'ENSEIGNEMENT, *3ᵉ éd.*
28. Colette Durieu
    LA REEDUCATION DES APHASIQUES
29. J.C. Ruwet
    ETHOLOGIE: BIOLOGIE DU COMPORTEMENT, *3ᵉ éd.*
30. Eugénie De Keyser
    ART ET MESURE DE L'ESPACE
32. Ernest Natalis
    CARREFOURS PSYCHOPEDAGOGIQUES
33. E. Hartmann
    BIOLOGIE DU REVE
34. Georges Bastin
    DICTIONNAIRE DE LA PSYCHOLOGIE SEXUELLE
35. Louis Corman
    PSYCHO-PATHOLOGIE DE LA RIVALITE FRATERNELLE
36. Dr G. Varenne
    L'ABUS DES DROGUES
37. Christian Debuyst, Julienne Joos
    L'ENFANT ET L'ADOLESCENT VOLEURS
38. B.-F. Skinner
    L'ANALYSE EXPERIMENTALE DU COMPORTEMENT, *2ᵉ éd.*
39. D.J. West
    HOMOSEXUALITE
40. R. Droz et M. Rahmy
    LIRE PIAGET, *3ᵉ éd.*
41. José M.R. Delgado
    LE CONDITIONNEMENT DU CERVEAU ET LA LIBERTE DE L'ESPRIT
42. Denis Szabo, Denis Gagné, Alice Parizeau
    L'ADOLESCENT ET LA SOCIETE, *2ᵉ éd.*
43. Pierre Oléron
    LANGAGE ET DEVELOPPEMENT MENTAL, *2ᵉ éd.*
44. Roger Mucchielli
    ANALYSE EXISTENTIELLE ET PSYCHOTHERAPIE PHENOMENO-STRUCTURALE
45. Gertrud L. Wyatt
    LA RELATION MERE-ENFANT ET L'ACQUISITION DU LANGAGE, *2ᵉ éd.*
46. Dr. Etienne De Greeff
    AMOUR ET CRIMES D'AMOUR
47. Louis Corman
    L'EDUCATION ECLAIREE PAR LA PSYCHANALYSE
48. Jean-Claude Benoit et Mario Berta
    L'ACTIVATION PSYCHOTHERAPIQUE
49. T. Ayllon et N. Azrin
    TRAITEMENT COMPORTEMENTAL EN INSTITUTION PSYCHIATRIQUE
50. G. Rucquoy
    LA CONSULTATION CONJUGALE
51. R. Titone
    LE BILINGUISME PRECOCE
52. G. Kellens
    BANQUEROUTE ET BANQUEROUTIERS

53 François Duyckaerts
CONSCIENCE ET PRISE DE CONSCIENCE
54 Jacques Launay, Jacques Levine et Gilbert Maurey
LE REVE EVEILLE-DIRIGE ET L'INCONSCIENT
55 Alain Lieury
LA MEMOIRE
56 Louis Corman
NARCISSISME ET FRUSTRATION D'AMOUR
57 E. Hartmann
LES FONCTIONS DU SOMMEIL
58 Jean-Marie Paisse
L'UNIVERS SYMBOLIQUE DE L'ENFANT ARRIERE MENTAL
59 Jacques Van Rillaer
L'AGRESSIVITE HUMAINE
60 Georges Mounin
LINGUISTIQUE ET TRADUCTION
61 Jérôme Kagan
COMPRENDRE L'ENFANT
62 Michael S. Gazzaniga
LE CERVEAU DEDOUBLE
63 Paul Cazayus
L'APHASIE
64 X. Seron, J.L. Lambert, M. Van der Linden
LA MODIFICATION DU COMPORTEMENT
65 W. Huber
INTRODUCTION A LA PSYCHOLOGIE DE LA PERSONNALITE
66 Emile Meurice
PSYCHIATRIE ET VIE SOCIALE
67 J. Château, H. Gratiot-Alphandéry, R. Doron et P. Cazayus
LES GRANDES PSYCHOLOGIES MODERNES
68 P. Sifnéos
PSYCHOTHERAPIE BREVE ET CRISE EMOTIONNELLE
69 Marc Richelle
B.F. SKINNER OU LE PERIL BEHAVIORISTE
70 J.P. Bronckart
THEORIES DU LANGAGE
71 Anika Lemaire
JACQUES LACAN, 2e éd. revue et augmentée
72 J.L. Lambert
INTRODUCTION A L'ARRIERATION MENTALE
73 T.G.R. Bower
DEVELOPPEMENT PSYCHOLOGIQUE DE LA PREMIERE ENFANCE
74 J. Rondal
LANGAGE ET EDUCATION
75 Sheila Kitzinger
PREPARER A L'ACCOUCHEMENT
76 Ovide Fontaine
INTRODUCTION AUX THERAPIES COMPORTEMENTALES
77 Jacques-Philippe Leyens
PSYCHOLOGIE SOCIALE, 2e éd.
78 Jean Rondal
VOTRE ENFANT APPREND A PARLER
79 Michel Legrand
LE TEST DE SZONDI
80 H.J. Eysenck
LA NEVROSE ET VOUS
81 Albert Demaret
ETHOLOGIE ET PSYCHIATRIE
82 Jean-Luc Lambert et Jean A. Rondal
LE MONGOLISME
83 Albert Bandura
L'APPRENTISSAGE SOCIAL
84 Xavier Seron
APHASIE ET NEUROPSYCHOLOGIE
85 Roger Rondeau
LES GROUPES EN CRISE ?
86 J. Danset-Léger
L'ENFANT ET LES IMAGES DE LA LITTERATURE ENFANTINE
87 Herbert S. Terrace
NIM, UN CHIMPANZE QUI A APPRIS LE LANGAGE GESTUEL
88 Roger Gilbert
BON POUR ENSEIGNER ?
89 Wing, Cooper et Santorius
GUIDE POUR UN EXAMEN PSYCHIATRIQUE
90 Jean Costermans
PSYCHOLOGIE DU LANGAGE
91 Françoise Macar
LE TEMPS EN PSYCHOLOGIE
92 Jacques Van Rillaer
ILLUSIONS EN PSYCHANALYSE